A Solução para a Celulite

Notas do editor

1. "Celulite" é o nome popular de uma alteração cutânea chamada "lipodistrofia ginóide" (LDG). Decidimos manter o nome popular neste livro para melhor compreensão do leitor.
2. As informações contidas neste livro não substituem o aconselhamento de um médico qualificado, que deverá sempre ser consultado antes do começo de qualquer programa de saúde, dieta ou exercícios. Se você está grávida, amamentando ou tomando qualquer tipo de remédio controlado, ou se está sob cuidado especial de um profissional de saúde, busque o aconselhamento e a supervisão de seu médico. Ele deve estar ciente de seu estado clínico, bem como dos remédios e suplementos vitamínicos que está tomando. A ele cabe determinar a dosagem ideal para todos os nutrientes e vitaminas.

A Solução para a Celulite

UM PROGRAMA MÉDICO PARA PREVENIR E ELIMINAR NÓDULOS, SALIÊNCIAS, ESTRIAS E MUITO MAIS

Dr. Howard Murad

Tradução: Frank de Oliveira

Prestígio editorial

Título original: The cellulite solution, New York, EUA

ISBN original: 0-312-33461-3

Publicado por Prestígio Editorial

Revisão técnica: Dr. Paulo Freire

Revisão: Karina Penariol Sanches, Eduardo Haak e Ruy Cintra Paiva

Produção gráfica: Sandra Scapin

Capa: Patrice Sheridan — Adaptação: Suria Scapin

Dados Internacionais de Catalogação na Publicação (CIP)
(Câmara Brasileira do Livro, SP, Brasil)

Murad, Howard M.D.
A solução para a celulite : um programa médico para prevenir e eliminar nódulos, saliências, estrias e muito mais / Howard Murad ; [tradutor Frank de Oliveira]. — São Paulo : Prestígio, 2006.

Título original: The cellulite solution : a doctor's program for losing lumps, bumps, dimples, and stretch marks.
ISBN 85-99170-44-9

1. Celulite 2. Dietas para emagrecer 3. Emagrecimento - Exercícios 4. Mulheres - Saúde e higiene 5. Pele - Cuidados e higiene I. Título.

05-9502 CDD - 613.7045

Índice para catálogo sistemático:
1. Celulite : Obras de divulgação 613.7045

Prestígio editorial

A *Prestígio Editorial* é uma divisão da *Editora Relume* e integra o grupo editorial *Ediouro.*

Rua Nova Jerusalém, 345 — Cep 21042-230
Rio de Janeiro/RJ
Tel.: (21) 3882-8200 – Fax.: (21) 3882-8212/8313
E-mail: editorialsp@ediouro.com.br
internet: www.ediouro.com.br/prestigio

Sumário

Prefácio

"A célula é imortal. É meramente o fluido no qual ela flutua que degenera. Renove esse fluido em intervalos regulares, dê às células o que elas necessitam para a nutrição e, até onde sabemos, a pulsação da vida pode prosseguir eternamente."

Dr. Alexis Carrell
Prêmio Nobel de Medicina, 1912

A água é a origem da vida. O nosso organismo precisa de água para viver. As células, que são os elementos básicos de nosso organismo, necessitam de suprimentos constantes de água para realizar suas tarefas no nosso corpo. Esta água chega até elas pelos vasos sangüíneos que irrigam os tecidos. Mas não adianta bebermos mais água para que o nosso organismo e, em conseqüência, as nossas células fiquem mais hidratados. É preciso que, junto com esta água, os vasos sangüíneos íntegros carreguem os nutrientes vitais para as células. Esses nutrientes são utilizados tanto para o metabolismo celular como para o reparo dos danos causados pelos fatores agressivos internos (radicais livres, excesso de hormônios) e externos (dieta inadequada, fumo, xenobióticos etc.). Esses nutrientes essenciais e vitais são obtidos apenas pela alimentação saudável. A falta desses elementos causa a perda de água das células e/ou seu acúmulo nos espaços intersticiais. Todas as células do nosso organismo sofrem as mesmas conseqüências desse acúmulo de líquido intersticial e, por conseqüência, deixam de funcionar adequadamente, envelhecendo precocemente.

Recentes pesquisas apontam que a obesidade (ou excesso de peso) está intimamente relacionada com a celulite e o envelhecimento. Entre os aspectos da obesidade que apenas começam a ser compreendidos está sua relação com diversas doenças, inclusive o câncer (3,2% de todos os tumores malignos estão ligados à obesidade). Um dos mecanismos mais prováveis é a ativação de hormônios sexuais como o estrogênio por enzimas produzidas pelas células de gordura. Segundo estudo publicado em 2005 pela revista especializada Annals of Internal Medicine, 90% dos homens e 70% das mulheres brancos nos Estados Unidos sofrem com o excesso de peso, o que é considerado uma epidemia não apenas nos Estados Unidos como também no Brasil, pela Organização Mundial da Saúde. Outra pesquisa publicada em junho de 2005 no New England Journal of Medicine comprovou que pacientes que perderam até 10 quilos de gordura por lipoaspiração (a qual não retira a gordura visceral) não apresentaram melhora na sensibilidade à insulina e nos outros fatores metabólicos prejudiciais à saúde ligados à obesidade, como a hipertensão e diabetes. Ou seja: **o que regenera o organismo é melhorar a alimentação e sair do sedentarismo**.

O Dr. Murad estabelece uma relação muito convincente entre o surgimento da Lipodistrofia Ginóide (LDG), conhecida popularmente como "Celulite", e a degeneração dos tecidos que dão sustentação à pele, causada por diversos fatores (intrínsecos e extrínsecos), que, agindo em conjunto, acarretam a deficiência de nutrição das células. *A celulite chega a atingir 80% das mulheres com mais de 35 anos de idade.* Neste livro, o Dr. Howard Murad conduz as leitoras a entender muitos dos princípios da fisiologia humana, incluindo elementos de fisiologia celular. Ele ensina, de forma muito didática, como e porque a água se acumula nos espaços celulares e prejudica a nutrição e o vigor das células da pele. Segundo sua teoria do "Princípio da Água", esse acúmulo de líquido fora das células ocorre por ação de vários fatores como hormônios sexuais femininos, deficiência circulatória, falta de nutrientes celulares e oxigenação inadequada dos tecidos. A proposta de tratamento do Dr. Murad não é tratar a celulite de forma localizada, mas sim como uma doença sistêmica e evolutiva, que precisa de uma abordagem integral, baseada em alimentação, dieta adequada (combater o excesso de peso), exercícios, uso de antioxidantes locais e sistêmicos. As três chaves do tratamento da celulite do Dr. Murad são: reparar, reidratar e revitalizar as células.

A maioria dos tratamentos comuns para celulite enxergam apenas os fatores locais e preconizam ou dietas especiais inespecíficas, ou o uso de equipamentos, medicamentos de efeitos duvidosos e cirurgias reparadoras para diminuir as imperfeições da pele. Tratam apenas o efeito e não a causa, sem ação preventiva, sem ação na evolução da doença. Contrariando essas várias terapêuticas existentes, a inovadora proposta do Dr. Murad aborda o problema tratando-o por dentro e por fora do nosso organismo, de forma eficaz, racional, de custo acessível, possibilitando às leitoras uma saudável opção frente aos tratamentos "milagrosos" e de resultados temporários, caros, ineficazes e com vários efeitos colaterais significativos.

As leitoras encontrarão no livro uma relação de alimentos que devem ser sempre consumidos para manter a pele saudável; ensina também como manipular a pele afetada pela celulite, como realizar alguns exercícios simples que podem acelerar o tratamento e como escolher os cremes mais adequados para a celulite. O tratamento é permanente mas perfeitamente realizável, porque respeita nossos hábitos de alimentação e de vida. Os resultados são rápidos, surpreendentes, e principalmente duradouros. Segundo o Dr. Murad, em oito semanas de tratamento as leitoras observarão uma melhora de 78% na aparência da pele e 47% de melhora em sua textura. Só esse resultado já vale a pena. Façam bom proveito deste excelente livro.

Dr. Paulo Freire
Dermatologista

Introdução

Pele de ricota? Coxas de "casca de laranja"? Você provavelmente pegou este livro porque se depara todos os dias com esses problemas. Pele com protuberâncias e com textura irregular é algo que afeta 90% das mulheres que passaram pela puberdade. Mulheres como você, que tentaram tudo para deixar o corpo liso – de levantamentos de perna e dietas da moda até cremes caros e comprimidos "milagrosos" –, apenas para conseguir, no melhor dos casos, resultados mínimos e temporários e uma carteira mais vazia. Na verdade, a maioria das pessoas, incluindo muitas da área médica, conformaram-se com o pensamento de que não existe maneira de tratar a celulite e as estrias de forma permanente.

Eu tenho ótimas notícias para você. A celulite e as estrias não são mais um fato inevitável da vida.

Com algumas modificações em seus hábitos nutricionais e em seu estilo de vida, você pode conhecer o primeiro método testado cientificamente para alisar a celulite. Implementar as etapas que delineio neste livro irá proporcionar a seu corpo um ambiente completo e saudável e fornecer-lhe todas as ferramentas de que precisa para permitir que a pele irregular e cheia de protuberâncias possa se recuperar por si mesma.

Você já está cansada daqueles remédios testados e ultrapassados para celulite?

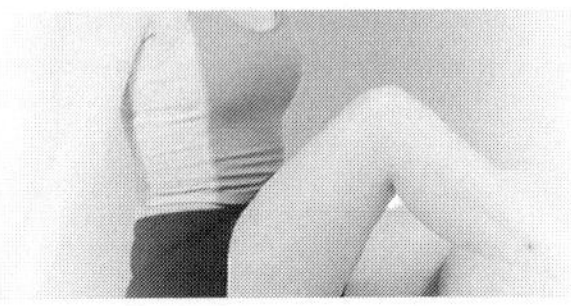

Muitas teorias populares dizem que a celulite resulta do excesso de gordura no corpo e que a dieta é a resposta. Outros dizem que ela é causada pelo excesso de água e, portanto, que a desidratação das áreas afetadas é a resposta. Bem, as teorias populares sobre celulite e estrias estão erradas. Você já passou por um programa de exercícios ou por uma dieta bem-sucedida apenas para descobrir que perdeu peso em excesso, mas que a celulite continua lá? Já tentou alguma vez secar as áreas atingidas das suas coxas ou nádegas com o uso tópico de cafeína ou de outro agente desidratante apenas para descobrir que a área se torna novamente inchada tão logo você bebe um pouco de água?

Você não está sozinha.

As teorias convencionais estão, em parte, corretas. O problema realmente envolve gordura. Também envolve água. Mas a solução não é tão simples quanto remover o excesso de gordura e água de seu corpo. Como provavelmente você sabe, há muitas mulheres magras com celulite, e há muitas mulheres completamente hidratadas sem ela. O que é importante não é a quantidade de gordura ou de água em seu corpo, mas como você trata a gordura e a água que estão nele.

Na minha atividade como dermatologista em Los Angeles nos últimos 30 anos, tratei de milhares de mulheres, de mães trabalhadoras a atrizes famosas. Não importa a idade ou o tipo de corpo, suas preocupações mais freqüentes são a celulite e as estrias. Sei bem quão preocupantes esses problemas podem ser para as mulheres. Infelizmente, nunca houve um tratamento disponível com resultados provados de forma científica – até agora.

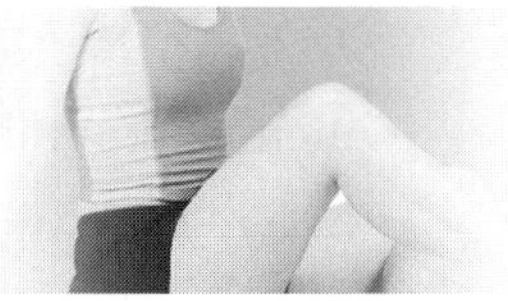

Uma introdução ao princípio da água

Usando a experiência e o conhecimento ganhos no decorrer de anos de trabalho nos campos da ciência e da medicina, desenvolvi uma teoria revolucionária que ficou conhecida como o *princípio da água*. É a base do meu programa revolucionário. Conforme envelhecemos, nossos corpos perdem a capacidade de utilizar a água como faziam quando éramos mais jovens. Com o tempo, nossas células e outras áreas do corpo que precisam de hidratação entram em colapso e se tornam incapazes de reter a água, o que as deixa enfraquecidas e menos eficientes. Essa água que as células não mais utilizam passa então direto por você ou, ainda pior, permanece entre os tecidos do corpo, inchando os tornozelos ou as pálpebras. Chamo isso de água "desperdiçada" e, para conseguir uma pele lisa, você precisa colocá-la de volta em suas células, onde ela irá deixar você firme e suave.

Quando não estão completamente hidratadas, suas células não conseguem funcionar corretamente. Isso é responsável por boa parte do dano causado aos tecidos, que chamamos de envelhecimento. Por exemplo, uma pele desidratada tem mais probabilidade de enfraquecer e sucumbir a todos os tipos de ataques que levam à celulite e a outros problemas. Essa desidratação e deterioração das células pode ocorrer em função de uma simples deficiência alimentar de nutrientes vitais para a hidratação delas.

Tomando os suplementos necessários todos os dias e fazendo algumas mudanças em sua dieta, você pode reverter o colapso da pele e evitar danos futuros. Venho usando por anos uma combinação de nutrientes reparadores de células, tais como extrato de romã e ácidos graxos essenciais, com resultados espantosos. Provei, por meio de numerosos estudos, que aplicar o princípio da água ao tratamento dos meus pacientes fez maravilhas para suas rugas. Perguntei-me se isso poderia ser tão eficiente no tratamento de celulite e estrias, e resolvi descobrir. Comecei estudando a anatomia da celulite e questionando as teorias e tratamentos comuns que não funcionaram.

Minha primeira pergunta era: por que a celulite tem uma textura saliente enquanto a gordura normal não tem? Embora as teorias populares sobre a celulite digam que ela é gordura normal e que deve ser tratada como tal, estava claro para mim que não era o caso. A função da gordura normal no corpo é criar um enchimento suave e sem fricção para músculos, órgãos e sistema esquelético. Por causa disso, ela é suave, sem forma e capaz de deslizar sem esforço pelo tecido que a rodeia. Esse não é o caso da celulite e das estrias. Elas são rígidas e têm uma forma definida.

Minha segunda pergunta era: por que a gordura que compõe a celulite é visível, enquanto a gordura normal não o é? A gordura que compõe a celulite é claramente diferente da gordura normal. Eu sabia que os métodos tradicionais de tratamento da celulite como gordura normal não eram muito eficientes e logo descobri por quê. Os tratamentos-padrão da celulite não podem mesmo funcionar porque tratam o problema de forma errada. Ao longo deste livro, você irá aprender as respostas para essas perguntas e o que pode enfim fazer para tratar a celulite de uma maneira que funcione de verdade.

Meu passo seguinte foi reunir um grupo de pesquisa para testar minhas teorias em comparação com os métodos tradicionais de tratamento de celulite. Nós investigamos como as células de gordura da celulite diferem das células normais de gordura e testamos minhas teorias no tratamento delas como tais. Os resultados foram coxas lisas e grandes sorrisos nos rostos das minhas pacientes. Na verdade, num estudo duplo-cego[1], aleatório e controlado com placebos, as participantes do teste experimentaram um aumento de 78% da firmeza da pele depois de oito semanas tomando os nutrientes que discuto neste livro!

Finalmente, há um programa que lhe oferece o primeiro roteiro definitivo para reduzir os furinhos e melhorar as estrias realmente apoiado pela ciência. A celulite não é um problema novo. O que é novo, aqui, é a solução. Enfim, estamos prontos para encarar esse duradouro tabu da beleza. Depois de anos de pesquisa exaustiva, posso dizer, sem nenhuma dúvida, que o método por mim criado funciona.

1. Duplo-cego: Teste em que nem o clínico sabe quem está tomando placebo.

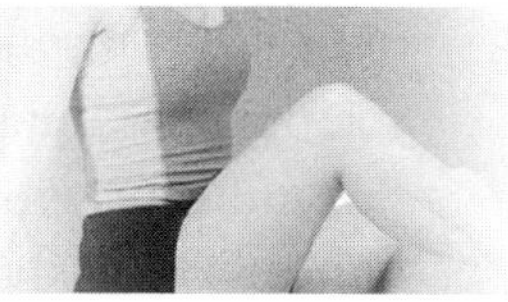

Um novo tipo de tratamento

Essa é a resposta para uma das aflições relativas à beleza mais comum entre as mulheres, uma resposta que não envolve cremes caros, cirurgia invasiva nem múltiplos tratamentos de alta tecnologia. Na verdade, muitos dos componentes vitais do método estão disponíveis em supermercados ou lojas de comida saudável. Vários tratamentos de celulite à disposição no mercado são apenas tópicos — você os esfrega na pele. Os ingredientes de aplicação local certos podem fazer maravilhas para seus sulcos e furinhos. No entanto, os benefícios são limitados porque a celulite é depositada abaixo da superfície da pele, onde cremes de aplicação local nem sempre chegam. A filosofia central do meu método é criar um ambiente completo para tecidos saudáveis dentro do corpo. Você pode conseguir isso com um programa de três partes: (1) nutrientes internos, (2) aplicação local de cremes para nutrir a superfície da pele e (3) alguns pequenos ajustes no seu estilo de vida. Quando toma cuidado com os dentes, você não apenas os escova, você usa fio dental e também visita o dentista, com cada etapa trabalhando de maneira sinérgica com as outras para lhe proporcionar uma saúde oral ideal. O mesmo ocorre com o tratamento da celulite. Suplementos nutricionais e pequenas mudanças dietéticas são atitudes importantes para resolver tanto a celulite quanto as estrias e podem melhorar a firmeza da pele ao mesmo tempo. Para sermos eficientes, precisamos de uma abordagem abrangente para a pele saudável que funcione não apenas na epiderme, a camada mais externa da pele, mas também na camada dérmica abaixo de sua superfície. A maioria de nós pensa no cuidado com a pele como se isso se restringisse a aplicações tópicas, mas minha filosofia é efetuar a mudança tanto a partir de dentro como de fora. Chamo isso de *cuidado interno com a pele,* e é a única maneira de curá-la de forma completa.

Com a atual obsessão mundial em se ter o corpo perfeito, as pessoas agora se mostram mais conscientes de cada imperfeição. Como as mulheres estão se exercitando mais e cuidando do corpo num ritmo frenético, a celulite e as estrias são uma preocupação maior do que nunca. É compreensível que elas percebam seus corpos, visto que estão sob um constante escrutínio tanto por parte dos homens quanto das outras mulheres e em especial do seu próprio olhar crítico. Há um grande número de mulheres que nunca mostram as pernas, não usam saia nem vão à praia por se sentirem embaraçadas devido a seus furinhos e estrias.

Ao contrário da opinião popular, a celulite não é o resultado de gordura demais no corpo. A causa real da celulite é o dano infligido pela água às células da pele e do tecido conjuntivo, bem como pelo enfraquecimento destas. A celulite é causada pela pele que se deteriorou a ponto de as células gordurosas flutuantes serem capazes de passar pela derme, a camada média da pele, e atingir a superfície. Simplesmente acrescentando à sua dieta nutrientes fundamentais de hidratação da pele e fortificação das células, tais como a glicosamina, ácidos graxos essenciais, aminoácidos, lecitina e antioxidantes, você pode reparar, reidratar e revitalizar a pele, forçando as células gordurosas a voltarem para baixo da superfície, onde não ficam visíveis – e ali as manter. Esses nutrientes funcionam em conjunto com agentes de uso local que hidratam, firmam e estimulam o fluxo sangüíneo, deixando uma pele firme, suave e lisa que você terá orgulho de exibir.

As Três Chaves para Ter uma Pele mais Lisa

- Reparar
- Reidratar
- Revitalizar

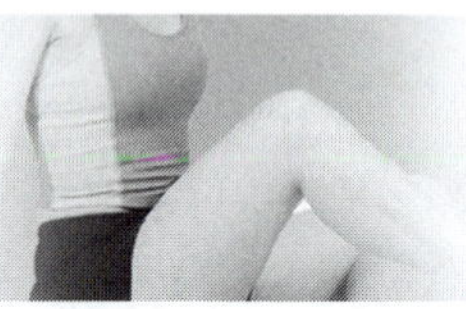

Nutrientes necessários para uma pele lisa

O caminho para se livrar da celulite e das estrias e impedi-las de aparecer de novo é apenas uma questão de nutrição – nutrição das células do corpo e do tecido conjuntivo. Eu sempre disse: "Antes de existir medicina, existia a comida". Muito antes do surgimento da penicilina, os médicos curandeiros prescreviam alimentos que continham os nutrientes específicos que seus pacientes precisavam a fim de se curarem e de impedirem o surgimento de doenças e a degeneração dos tecidos. Em vez de tratar apenas dos sintomas da celulite e das estrias, meu programa confronta as causas. Ele fornece a seu corpo os nutrientes de que ele precisa para reparar o tecido da pele enfraquecido, diminuindo dessa forma a degeneração que leva à celulite. Se você ingere os alimentos e os nutrientes certos, pode manter as células e o tecido conjuntivo bem nutridos, hidratados e cheios de vida. Esse é o passo mais importante para deixar os tecidos firmes e empurrar aquela gordura incômoda para onde é o lugar dela – embaixo da camada visível da pele.

Banir a celulite não consiste em comer menos. Consiste em comer o suficiente das coisas certas.

Esses ingredientes saudáveis e fortalecedores da pele são fáceis de se achar em mercados e lojas de comida natural. Eles são seguros e eficientes e não vêm com etiquetas de preço de grifes. Acrescente esses nutrientes essenciais à sua dieta na forma de comida e suplementos, ao lado de alguns tratamentos tópicos fáceis que você mesma pode fazer e de alterações em seu estilo de vida e você terá novamente uma pele macia, num piscar de olhos. Este livro apresenta um guia completo dos nutrientes necessários e de como eles funcionam para prevenir e reparar a celulite. Se você não consegue esperar para entrar no programa, pode ir direto ao Capítulo 6.

TESTEMUNHO DE PACIENTE

Andrea

Idade: 42

Ocupação: massagista terapeuta

Áreas de preocupação: coxas e estômago

Testemunho pessoal

"Como massagista terapeuta, estou bem consciente do meu corpo e também sinto que sou bastante versada em vitaminas e produtos para a pele. Provavelmente também sou a pessoa mais cética, porque tive clientes que falavam sobre os cremes para celulite que usavam e outros métodos que tentaram para se livrar dela. Quando comecei o estudo, ia regularmente à academia e sentia que estava em boa forma. Então, devido às mudanças em meus horários de trabalho, parei de malhar. Fiquei muito surpresa ao notar uma melhora visível em meu estômago e coxas e em ver que minha pele parecia mais firme, embora eu não estivesse fazendo nenhum exercício. Mas algo mais aconteceu. Normalmente necessito de um analgésico forte todos os dias durante minha menstruação, mas desde que comecei a tomar essas vitaminas não preciso mais. Também percebi que me sinto mais calma durante momentos estressantes; minha pressão sangüínea baixou de 130/90 para 120/90. O que quer que esteja acontecendo, estou adorando e motivada em continuar fazendo. É muito fácil simplesmente tomar algumas pílulas e aplicar o gel."

Programa Clínico

- administração diária de suplementos para tratar celulite como sugerido neste livro.
- aplicação local de soro para celulite.

Resultados Clínicos

Visita inicial: celulite de estágio 3

Visita final: celulite de estágio 1½

Observações Clínicas Adicionais

Medidas de água:

Visita 1: Intracelular 19,0 Extracelular (não compartimentada) 16,1

Visita 2: Intracelular 19,1 Extracelular (não compartimentada) 16,9

Final: Intracelular 20,2 Extracelular (não compartimentada) 15,9

% de Gordura no Corpo

Visita 1: 46,3

Visita final: 42,6 (diminuição de 3,7%)

TMB (Taxa Metabólica Basal, número de calorias usadas em repouso)

Visita 1: 1414

Visita final: 1511 (aumento de 97 calorias queimadas em repouso por dia)

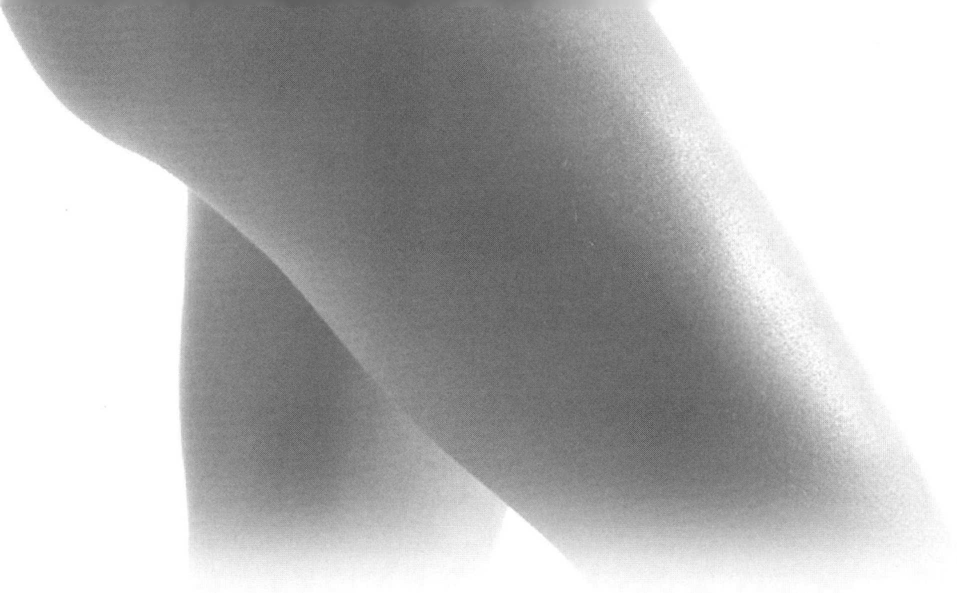

A anatomia da celulite e das estrias: causas e efeitos

Você sabe que o tecido gorduroso é encontrado na maioria das partes do corpo em graus variáveis. Ele funciona primariamente como camada protetora para os órgãos e como reserva de energia. Quando se reduz a ingestão normal de comida, o corpo automaticamente queima a própria reserva de gordura armazenada. Numa dieta de baixas calorias, a gordura sai de muitas áreas, mas as saliências de celulite permanecem.

A gordura debaixo da pele que você vê no diagrama na página 23 é a gordura que cobre seus músculos, que se acumula quando você come mais calorias do que usa e que sai quando faz dieta e se exercita. Essa gordura não contribui para a celulite ou para as estrias. Quando você perde peso, não importa que programa de dieta/exercício use, a porcentagem de gordura do corpo diminui, mas não há nenhuma perda mensurável de celulite. Isso ocorre porque o corpo não pode utilizar como combustível a gordura presa na camada dérmica, a gordura que de fato contribui para a celulite. O principal problema da maioria dos outros tratamentos de celulite é que eles lidam apenas com a gordura debaixo da pele e da fáscia. Essa abordagem não funciona porque a gordura subdérmica não consegue reagir ao tratamento como ocorre com a gordura normal. Infelizmente, aquela gordura dérmica que causa a celulite está lá para ficar. A boa notícia é que, com alguns poucos passos todos os dias, você nunca terá de se ocupar com ela.

As camadas da pele

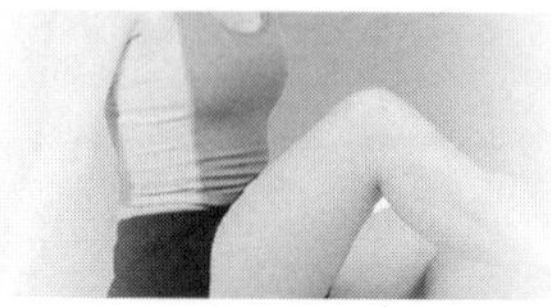

A camada córnea é a camada mais externa da pele. É composta de células mortas ou que estão morrendo, mantidas juntas por uma membrana de lipídios (gordura). Conforme essas células caem, novas células são produzidas na base da epiderme, empurrando tudo para cima. Pense na camada córnea como o telhado de sua casa. Ela é um escudo protetor contra as depredações do ambiente.

A epiderme viva é a camada superior da pele, que abrange a camada córnea e a camada de células da pele abaixo dela. Ela contém células moribundas que têm cada vez menos água conforme sobem para a camada córnea. Essa é uma defesa importante contra os danos vindouros, tais como raios do sol e outros fatores ambientais estressantes.

A derme é composta de material fibroso, conhecido por todos como a matriz do corpo, além de outros elementos. De certa forma, é um microcosmo do resto de seu corpo. Ela tem vasos sangüíneos, nervos, tecido conjuntivo, glândulas e outras organelas, tais como folículos de pêlos. A derme constitui o grosso da sua pele. Ela confere vitalidade a ela. Uma derme saudável se mostra como uma pele firme; uma derme não saudável se traduz em rugas e flacidez. A derme é composta de:

- substâncias chamadas glicosaminoglicanos (ou GAGs), material semi-sólido que tem grande capacidade de ligação com a água.
- colágeno e elastina, os "encaixes" da derme. Se você pensa na derme como uma cabana de barro, a matriz seria o barro, e o colágeno e a elastina seriam as fibras de palha a mantê-los unidos. A deterioração do colágeno e da elastina é a causa direta das rugas.

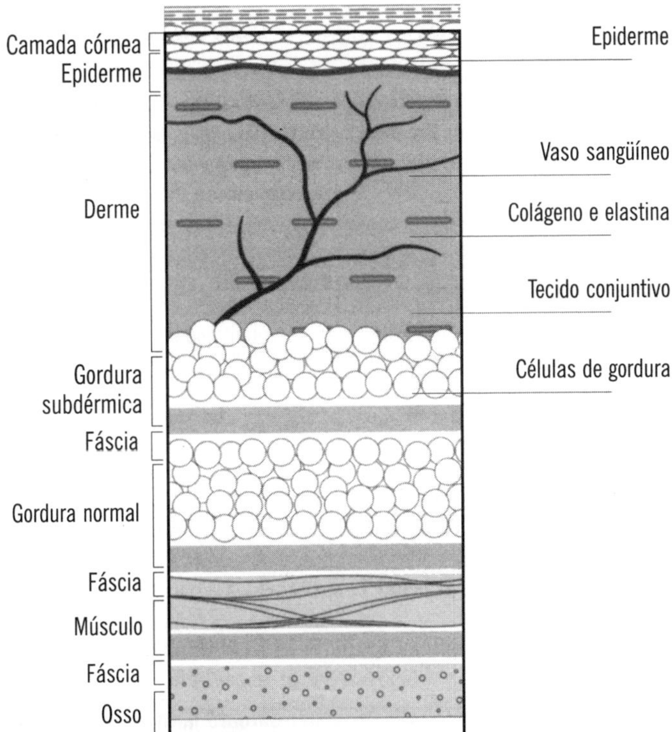

Camadas normais do corpo

A gordura subdérmica é a gordura que fica presa embaixo da camada dérmica, onde não pode ser queimada como combustível. Se a derme e a epiderme acima dela se degenerarem e se enfraquecerem, essa gordura abrirá caminho até a superfície e se transformará em celulite visível.

A fáscia é um material fibroso que separa os vários componentes do corpo. Se você pensar num bife, a fáscia é o material branco denso que separa a carne da gordura.

A gordura normal aparece quando comemos demais e é queimada como combustível quando nos exercitamos. Ela não contribui para a celulite.

PRÓS E CONTRAS DA DIETA E DOS EXERCÍCIOS

Método	O que faz	O que não faz
Dieta de perda de peso	Reduz a gordura	Reduzir os furinhos, porque a celulite é formada pela gordura que não pode ser metabolizada
Exercício	Desenvolve os músculos, reduz a gordura	Reduzir os furinhos, porque os depósitos de gordura da celulite estão presos em bolsões em que não podem ser usados prontamente como combustível

Embora exercícios de levantamento de peso, alongamento, tonificação e aeróbica sejam bons para o corpo, eles não irão curar a celulite porque seu alvo é apenas a gordura e os músculos, não a camada dérmica, onde a celulite fica.

DISTINGUINDO A CELULITE DA GORDURA NORMAL

Celulite	Gordura normal
Afeta apenas mulheres	Afeta homens e mulheres
Concentra-se basicamente nas partes interna, externa e posterior das coxas; parte interna dos joelhos; abdome superior e inferior; quadril; nádegas; parte inferior das costas; parte de trás dos membros superiores; tornozelos	Ocorre por todo o corpo
Quando pressionada, parece ter sulcos, nódulos, irregularidades	Quando pressionada, apresenta uma textura lisa

Dentro da pele	Embaixo da pele
Não pode ser usada como fonte de energia pelo corpo	Pode ser usada como fonte de energia pelo corpo

A linha do tempo da celulite

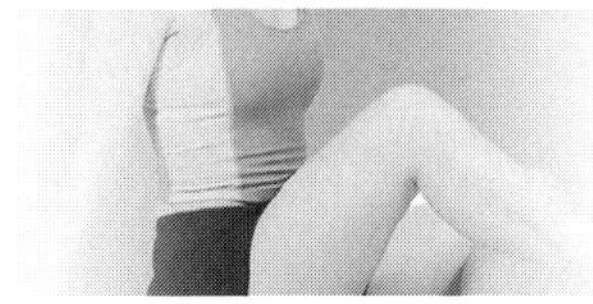

A celulite foi mencionada pela primeira vez pelos médicos europeus na virada do século XIX. Na literatura médica, tem sido identificada por uma grande variedade de nomes que passam uma impressão sinistra, entre os quais doença mesenquimal, dermo-hipodermose celulítica e paniculose.

Em 1920, os cientistas franceses Alquier e Paviot foram os primeiros a descrever o distúrbio.

Em 1966, o dermatologista espanhol M. Bassas Grau confirmou que o fluido se acumula ao redor do tecido com celulite.

Em 1972, os médicos G. Muller e F. Nurnberger mostraram que onde a celulite ocorre há também uma diminuição na quantidade de fibras de elastina na derme e um rearranjo dos feixes de colágeno. Em 1994, o professor Sérgio Curri, anatomopatologista e biólogo molecular, conferiu validação científica à celulite ao realizar estudos em que a comparava com a gordura normal, com isso estabelecendo a celulite como uma síndrome específica. Apesar disso, os especialistas, com muita freqüência, ainda tratam a celulite como se fosse gordura normal quando prescrevem tratamentos. É por isso que tratamentos anteriores para o problema mostraram de pouco a nenhum resultado.

Causas da celulite

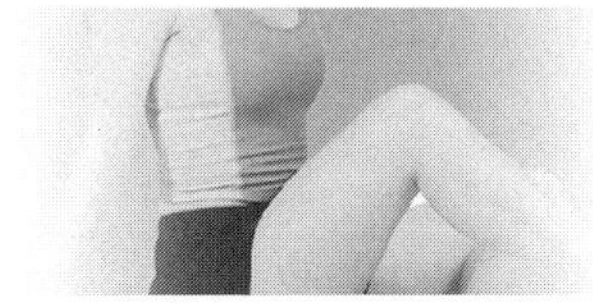

A celulite é causada principalmente pelos hormônios. Na verdade, a razão pela qual os homens nunca têm celulite é provavelmente porque possuem muito menos estrogênio em seus corpos do que as mulheres.

Outro fator é a genética. Se sua mãe teve celulite, você tem mais probabilidade de também ter. Esses fatores hormonais e hereditários permitem que a derme se altere com mais facilidade em áreas específicas. Células gordurosas dérmicas em áreas de celulite estão mais próximas da superfície porque a derme foi danificada. Esse tecido, em mulheres, costuma ser menos flexível do que nos homens, outra razão pela qual se rompem com mais facilidade com a idade e o ambiente. Por alguma razão, as mulheres costumam se machucar nas coxas facilmente e ter "microvarizes" (telangiectasias e microvarizes). Isso implica vasos sangüíneos enfraquecidos, uma das causas primárias da celulite. Pode ser hormonal ou genético, mas é evidentemente verdade.

Conforme a derme sofre esse dano, ela perde água e se enfraquece. Com o tempo, decompõe-se tanto que a gordura dérmica que descansava discretamente embaixo dela começa a se projetar ostensivamente através dela. Se a epiderme também ficar enfraquecida e desidratada, ela se tornará fina e a celulite ficará visível na superfície. Para se livrar da celulite e das estrias, é preciso concentrar-se em reparar a derme e a epiderme, não em queimar gordura.

Definições de celulite e recomendações de como tratá-la têm sido um assunto controverso por décadas. Com bastante freqüência, a celulite é descrita como um problema cosmético, o que de fato é. No entanto, ela é também um estado clínico.

A celulite pode ser definida como um distúrbio médico primeiramente observado como mudanças microscópicas na parte de dentro da pele, as quais não são aparentes na superfície. Essas mudanças invisíveis, no entanto, mais tarde se manifestam como problemas cosméticos, os quais são o que comumente associamos com furinhos. A celulite é um distúrbio progressivo. Começa como uma imperfeição secundária, mas pode se tornar um grande obstáculo para a auto-estima e para um corpo saudável.

Os dois tipos de tecido do corpo

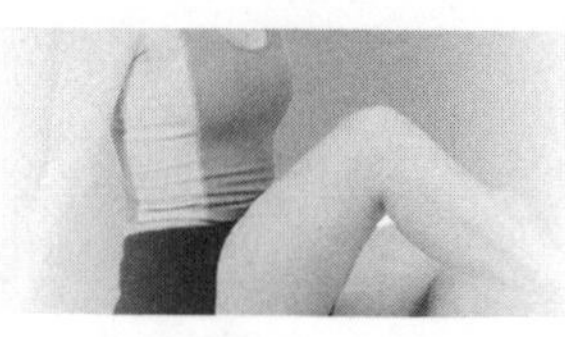

Conforme passei a entender o corpo de uma maneira ampla, percebi que há, na verdade, apenas dois tipos de tecido:

- **Células**: embora as células da pele não sejam iguais, digamos, às células do fígado, seus traços básicos são os mesmos. Todas as células têm uma membrana ou parede protetora composta de lipídios, ou gorduras, e de lecitina. Dentro dessa parede da célula há uma substância chamada citoplasma, no qual fica o núcleo da célula. O núcleo é o centro de controle, ou cérebro, dela. Tanto o citoplasma quanto o núcleo são predominantemente compostos de água.

O coração, o cérebro, os ossos e a epiderme são compostos de células.

- **Tecido conjuntivo**: esse tecido tem poucas células e é predominantemente composto de material fibroso. Ele liga os vários órgãos ao resto do corpo. O tecido conjuntivo contém a matriz do corpo (glicosaminoglicanos, ou GAGs). Essa é uma matéria semi-sólida, composta de materiais como o ácido hialurônico, substância que adora água e que pode atrair até 1.000 vezes seu peso em água. Os elementos básicos do ácido hialurônico são as glicosaminas. O colágeno e a elastina mantêm o tecido conjuntivo firme e conservam sua forma. Os elementos básicos do colágeno e da elastina são os aminoácidos nos alimentos que ingerimos.

Os vasos sangüíneos, os nervos, os tendões e os ligamentos, assim como a derme, são formados principalmente de tecido conjuntivo.

Para reparar a celulite, precisamos fortalecer e hidratar as células e o tecido conjuntivo no corpo, alimentando-os com os nutrientes e a água de que precisam para permanecerem saudáveis.

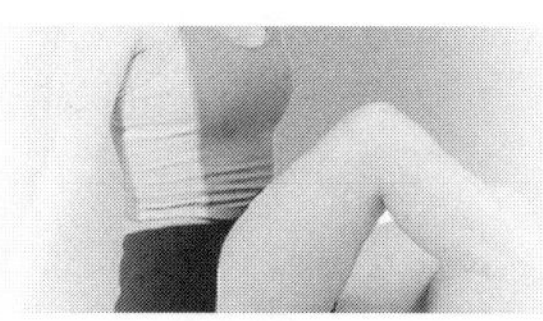

Vasos sangüíneos

O fator primário que contribui para a celulite é a interferência na capacidade dos vasos sangüíneos de fazer circular os nutrientes. Como a pele é a camada mais externa do corpo, os nutrientes precisam viajar o caminho todo pelos vasos sangüíneos para alcançá-la. Posto que os vasos sangüíneos são um tecido conjuntivo do coração, podem ser danificados da mesma maneira que a derme da pele – e com os mesmos resultados destrutivos.

Vasos sangüíneos danificados não têm o mesmo alcance que vasos sangüíneos saudáveis. Mulheres com celulite freqüentemente têm vasos sangüíneos capilares danificados (microvarizes) e veias varicosas. Algumas têm tendência da pele se contundir e se despigmentar. Tudo que fortalece os vasos e melhora o fluxo sangüíneo para a área também fortalece a derme e as células da pele acima dela. Vasos sangüíneos reparados são novamente capazes de levar os nutrientes e a água necessários para a derme e a epiderme para recompor ainda mais as paredes das células e o tecido conjuntivo. Isso reduz os furinhos bem como os vasos capilares danificados e as veias varicosas.

A celulite não é uma condição estática. Se deixada sem tratamento, irá piorar. O melhor tratamento é a intervenção precoce.

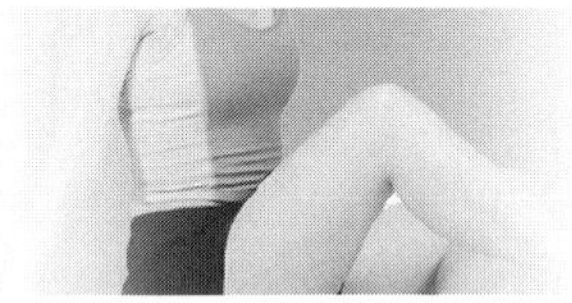

Celulite exposta

A área das coxas é a mais suscetível ao acúmulo de celulite. Se você examinar a pele normal saudável da coxa, a epiderme na superfície é lisa. A pele é firme porque a derme é grossa e sem danos. Os feixes de colágeno e elastina são fortes. Os vasos capilares se estendem até as regiões mais externas da derme, propiciando um fluxo sangüíneo de nutrientes e fluidos limpadores (linfa).

Exames de ultra-som do tecido normal da coxa mostram um tecido denso e hidratado com pouco desperdício de água. Com um microscópio, podemos ver a atividade dos fibroblastos. Essas são as células constituintes do tecido conjuntivo que produzem colágeno e elastina. Se você pensar num fibroblasto como se fosse uma macieira, o colágeno e a elastina seriam as maçãs. Numa coxa saudável, os fibroblastos estão produzindo de maneira ativa esses suportes firmadores dentro da derme. As células gordurosas na derme não estão inchando nem se agrupando umas com as outras. Elas são bem distintas e de diâmetro normal. E o mais importante: não há depósitos de gordura de celulite aparecendo pela pele.

Agora vamos comparar isso a uma coxa não saudável. Como resultado do dano aos vasos sangüíneos, pode-se ver alguns vasos capilares danificados ou veias varicosas ao estilo "teia de aranha" na superfície da pele. A camada córnea, a mais externa da pele, está seca e áspera ao toque. É possível ver alguma descamação da pele, causada pelo rompimento contínuo das células da superfície da pele desidratada. A pele afrouxa e, com o tempo, diminui sua firmeza devido à perda, por parte do tecido conjuntivo, da capacidade de mantê-la firme. As células de gordura dérmica no interior de uma coxa não saudável começam a inchar e faixas fibrosas passam a se formar ao redor delas. Por fim, e provavelmente a parte que mais aborrece todas as mulheres preocupadas com a aparência da pele, surgem alguns bolsões de celulite. A derme e a epiderme desidratadas e subnutridas ficam fracas demais em certas áreas para manter a gordura dérmica sob controle.

É por isso que métodos tradicionais como perda de peso não podem realmente funcionar. A celulite não é um problema de "gordura" – é um problema "dérmico" e "celular". Portanto, os métodos precisam ser direcionados para a modificação do tecido conjuntivo adjacente e das células da pele em vez das células de gordura.

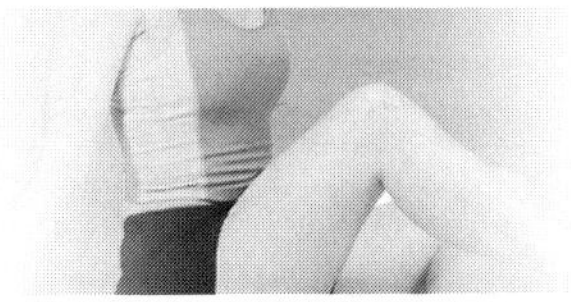

A razão da textura da celulite

Todas as células de gordura são rodeadas por faixas fibrosas chamadas septos. Conforme as células são danificadas, essas faixas endurecem e se tornam rígidas. Com a progressão da celulite, a derme enfraquecida perde a capacidade de manter as células de gordura no lugar. Essa nova liberdade de movimentos permite que células de celulite, antes comprimidas, inchem e se expandam. Enquanto elas estão lá, a derme fabrica mais tecido conjuntivo ao redor da gordura e provoca um endurecimento cada vez maior dos septos.

Os septos endurecidos não são mais elásticos o suficiente para se expandir junto com as células de gordura. Estas começam então a se espremer para os lados do material fibroso igual a uma bexiga que é enchida com um elástico de borracha colocado à sua volta. É por isso que a celulite tem uma textura rugosa e inchada, enquanto a gordura normal é suave e sem fricção. Quanto mais a condição progride, mais duros os septos ficam, respondendo pelos estágios posteriores da celulite, nos quais ela é mais rígida.

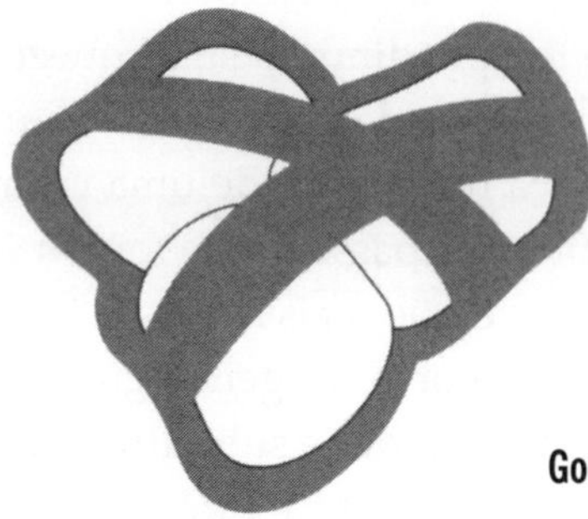

Gordura da celulite

Componentes básicos da celulite

- ruptura de vasos sangüíneos
- dano na derme
- acúmulo de água "desperdiçada"
- células de gordura inchando e movendo-se para mais perto da superfície
- afinamento da epiderme

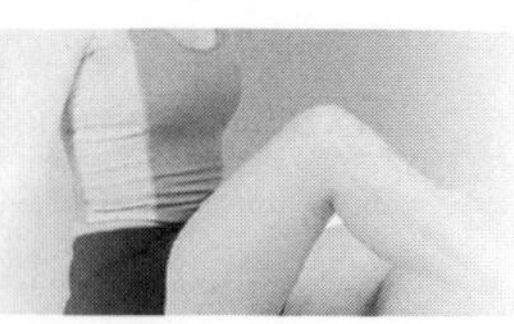

Detecção de furinhos

Há dois tipos básicos de celulite: flexível e sólida.

A celulite flexível desliza com facilidade sobre o tecido subjacente e costuma ocupar áreas grandes. Ela sacode com o movimento corporal e é muito mais perceptível do que a celulite sólida.

A celulite sólida é um tecido grosso que adere com força aos tecidos subjacentes. Em geral é encontrada em mulheres jovens em boa condição física. Com freqüência, é sensível ao toque.

Quão avançada está sua celulite?

Aperte ou esprema os tecidos com o polegar e o indicador ou com a palma das mãos. Se a celulite está presente, a pele ondula. Em estágios mais avançados, as ondulações são perceptíveis mesmo sem se aplicar pressão.

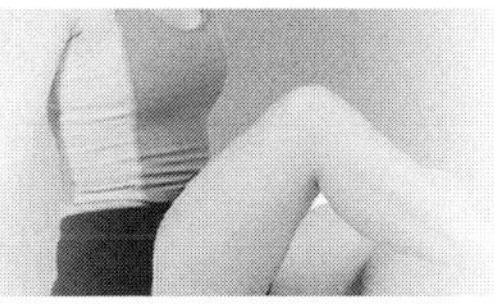

Os estágios da celulite

Você pode ter celulite e nem saber. A celulite começa a se desenvolver bem fundo na camada dérmica, onde você não consegue ver.

Estágio I

Os primeiros eventos na formação da celulite são invisíveis porque ocorrem na camada dérmica. A deterioração da derme é o primeiro estágio da formação da celulite. Vasos sangüíneos nas áreas afetadas começam a se fragmentar, o que causa a perda de redes capilares na derme. Conforme eles continuam a se deteriorar, a pele não pode mais receber todos os nutrientes de que precisa, o que provoca uma degradação ainda maior da derme e da epiderme. A água passa a vazar dos vasos sangüíneos danificados e se acumula entre os tecidos como água "desperdiçada". As células de gordura começam a inchar até duas ou três vezes o tamanho original e a se agrupar umas com as outras. Nesse estágio, a epiderme ainda é saudável e a derme é relativamente saudável. Ainda não há manifestações visíveis da celulite.

A água "desperdiçada" começa a se acumular na celulite de estágio 1. No meu centro de pesquisa, estudo pacientes com problemas diversos, tais como acne, rugas e celulite. Faço vários testes, checando, entre outras coisas, a pressão sangüínea, a porcentagem de tecido magro e níveis de água intracelulares e extracelulares. Com freqüência, posso dizer quando uma paciente tem uma celulite inicial, ainda não visível, fazendo uma análise de impedância bioelétrica. Uma corrente elétrica bem pequena é passada pelo corpo da pessoa. Dependendo de quão fluidamente a corrente se desloca, o aparelho pode dizer quanta água "desperdiçada" está impedindo o fluxo. Se encontro um excesso de água "desperdiçada", as chances são de que a quebra do tecido pré-celulite tenha começado.

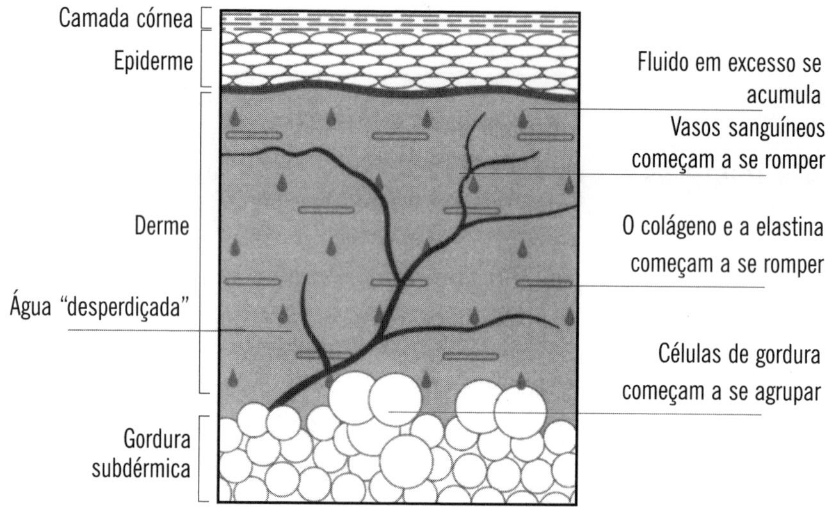

Estágio 1 da celulite

Estágio 2

No segundo estágio, a deterioração da derme é avançada. Algumas regiões podem ter fluxo sangüíneo normal enquanto regiões adjacentes têm um fluxo sangüíneo notadamente reduzido. As células de gordura se tornam ainda mais inchadas e começam a se empurrar contra a derme cada vez mais frágil. Isso também exacerba o problema do fluxo sangüíneo, porque os vasos sangüíneos são empurrados de lado pelos depósitos de gordura inchados. Isso impede os nutrientes de chegarem à pele, enfraquecendo-a ainda mais. Esse ciclo de rompimento do tecido acelera o desenvolvimento da celulite. Com freqüência, nesse estágio, a água "desperdiçada" que está vagando sem rumo pelo corpo se acumula em grau maior nas áreas afetadas. Os efeitos na superfície ainda são mínimos, contudo, o visual de "casca de laranja" da pele pode ser detectado com um teste de beliscão. Em geral, os inchaços ou a desigualdade da superfície são visíveis nesse estágio.

Você pode ver como a celulite consegue aparecer de maneira furtiva, vinda de todas as direções, com vários ataques nos diversos tecidos do corpo. É por isso que recomendo um tratamento inclusivo que cria um ambiente total de saúde e vitalidade dentro do seu organismo. Saúde inclusiva implica cuidado pessoal emocional, bem como cuidado físico. Você pode também começar a ver como a detecção e o tratamento precoce são capazes de evitar completamente a celulite. Se você descobri-la cedo o suficiente e começar a suprir a pele com os nutrientes de que ela precisa para se manter firme e saudável, nunca se deparará com essas imperfeições. Sem mencionar os imensos benefícios que esses nutrientes proporcionam aos órgãos internos e aos tecidos conjuntivos que você não pode ver, mas que com certeza pode sentir.

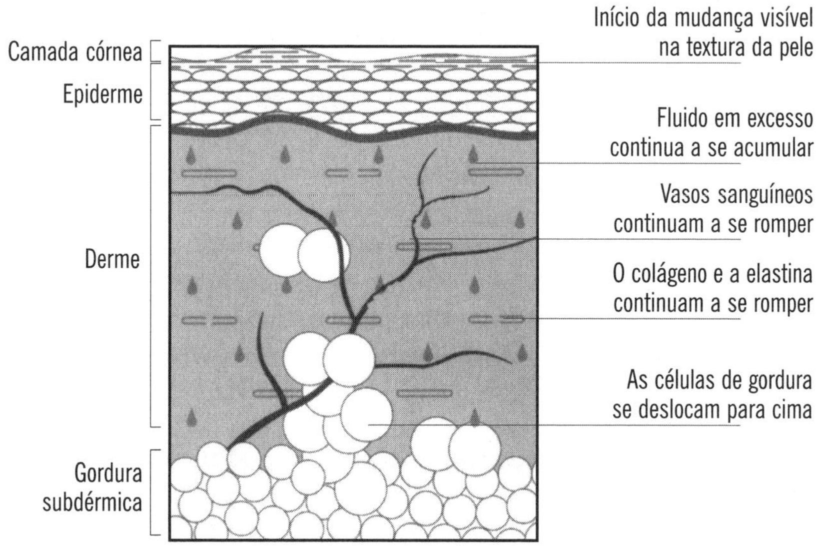

Estágio 2 da celulite

Estágio 3

Este estágio é uma continuação do processo observado no estágio 2. A deterioração dos vasos sangüíneos começa a afetar o metabolismo dos tecidos da pele. A perda de nutrientes dos vasos sangüíneos reduz a capacidade do corpo de criar proteínas e reparar-se, o que pode levar ao afinamento da derme. Depósitos duros, chamados de septos, começam a se formar em volta das células de gordura na pele. No estágio 3, o efeito de "casca de laranja" é visível mesmo sem se beliscar a pele, e a celulite começa a parecer áspera e inchada ao tato.

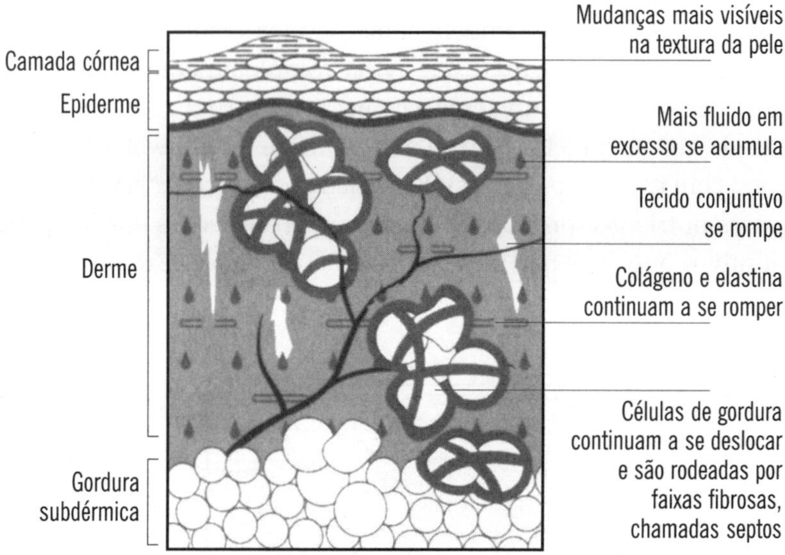

Estágio 3 da celulite

Estágio 4

Neste estágio final da celulite, você pode ver com facilidade os inchaços na região dérmica: protuberâncias de gordura rodeadas por camadas de proteína dura. Você também pode sentir nódulos duros beliscando a pele nas regiões afetadas. A celulite grave em geral esteve presente por vários anos antes de ter chegado ao estágio 4. Neste estágio, a celulite é acompanhada por uma falta de firmeza devido à deterioração avançada da pele, tanto na camada da superfície quanto na camada dérmica. Este estágio pode ser doloroso, em especial depois de se ficar de pé por longos períodos de tempo, quando a retenção de fluido nas pernas está em seu auge.

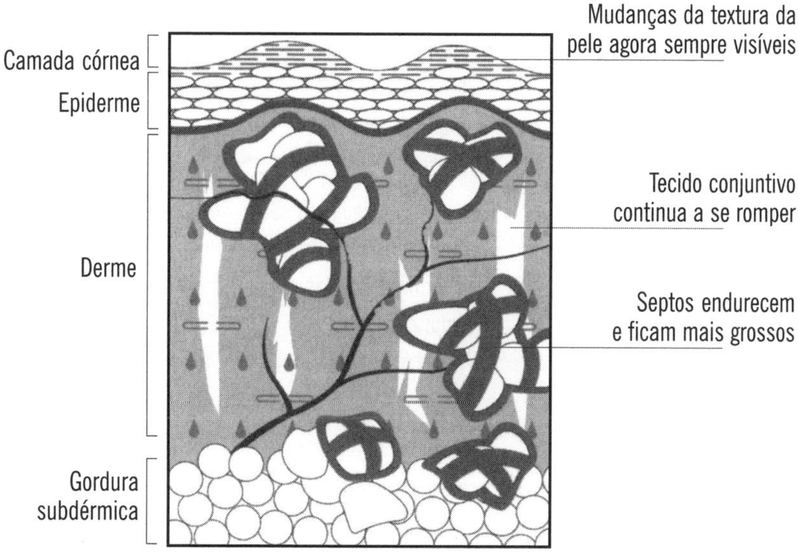

Estágio 4 da celulite

A celulite não é apenas um problema cosmético, ela também pode ser dolorosa nos seus estágios mais avançados.

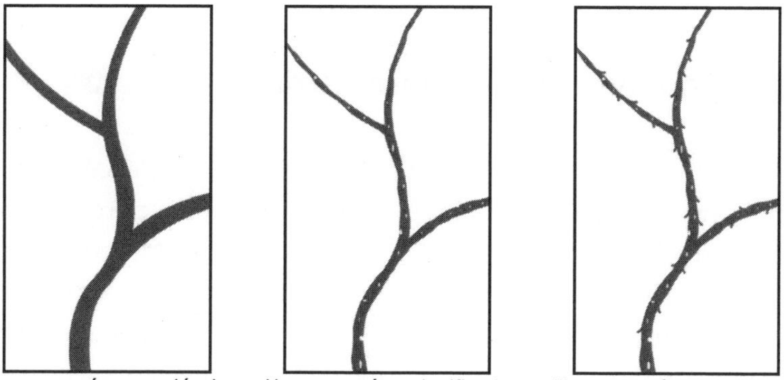

Vaso sanguíneo saudável | Vaso sanguíneo danificado | Vaso sanguíneo danificado extensivamente

ESTÁGIOS DA CELULITE

1	Vasos sangüíneos começam a se deteriorar, em especial na derme superior	Fluido se acumula fora das células – água desperdiçada	As mudanças não são visíveis
2	A derme se deteriora ainda mais	Os vasos sangüíneos são empurrados para os lados conforme as células de gordura incham e se deslocam em direção à superfície	Uma textura inicial de "casca de laranja" fica visível quando se belisca a pele
3	Início do dano para a síntese de colágeno e elastina	Faixas fibrosas (septos) começam a rodear células de gordura	Uma textura significativa de "casca de laranja" fica visível quando se belisca a pele
4	Pode-se sentir nódulos duros	Dor e maciez	Sempre visível

Quanto mais cedo você começar a tratar a celulite, mais sucesso terá. No entanto, mesmo que você não tenha começado o tratamento até estar já bem avançada no estágio 4, não se desespere. Com meu programa, todos os graus de celulite podem ser melhorados, porque estamos reparando o dano em seu corpo que, na prática, causa a celulite.

Alguns conhecimentos sobre estrias

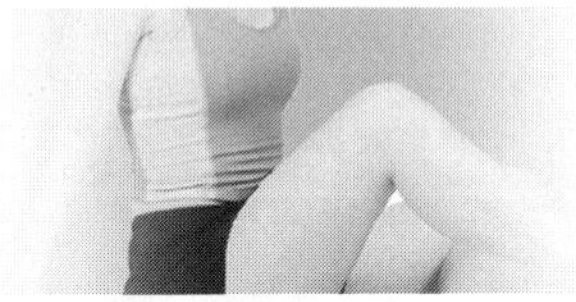

Embora o título deste livro seja *A Solução para a Celulite*, com freqüência me refiro à celulite e às estrias juntas. Isso ocorre porque elas têm muitas semelhanças. As estrias também são causadas por danos na derme. Elas são apenas uma versão mais séria. No caso das estrias, o dano é concentrado em áreas do corpo que foram tensionadas por um longo período de tempo. A maior semelhança entre a celulite e as estrias é que ambas são evidências de danos na derme, a camada elástica do meio que dá forma à pele.

Pense num elástico de borracha que é estirado por um bom tempo. Ele perde a elasticidade e torna-se frágil. O mesmo ocorre com o tecido conjuntivo. Conforme partes dele ficam danificadas e quebradiças, sua nova textura coberta de sulcos e com falta de elasticidade se torna visível.

Estrias ocorrem quando a derme é esticada constantemente com crescimento, flutuações de peso, gravidez e várias doenças. Quando isso acontece, a pele perde elasticidade e as fibras conjuntivas se rompem, o que aparece na superfície como formações onduladas.

A inflamação resultante pode então causar danos aos melanócitos, as células que dão cor à pele. Dependendo da coloração natural da pele, as estrias começam como marcas elevadas que vão do rosa ou avermelhado ao marrom escuro, mais tarde se transformando num roxo mais brilhante. Essa cor pode ser devido ao dano causado aos vasos sangüíneos conforme o tecido é esticado. Gradualmente, as marcas se achatam e desbotam, passando a uma cor que é alguns tons mais clara do que seu tom natural de pele. Com o tempo, essa falta de pigmentação resulta nas cicatrizes brancas ou translúcidas associadas com as estrias da velhice.

DIFERENÇAS ENTRE A CELULITE E AS ESTRIAS

Celulite	Estrias
Uma doença complexa ou problema que começa com danos no sistema vascular. Suas causas são tanto hormonais quanto genéticas.	Causadas por danos sérios nas áreas específicas do corpo que são esticadas.
Afeta 80-90% das mulheres, raramente vista em homens.	Afeta 70% das mulheres adolescentes, 40% dos homens jovens, 90% das mulheres grávidas (durante o sexto e sétimo mês da gravidez).
É mais comum em coxas, quadris, nádegas, joelhos, membros superiores, abdome.	Mais comum no abdome, coxas, seios (nas mulheres); axilas (nos homens).
Pode afetar qualquer mulher.	Afeta adolescentes que passam por estirões de crescimento; pessoas que malham, que praticam exercícios pesados e repetitivos; usuários de esteróides sistêmicos e de aplicação local; pessoas com ganhos e perdas maciças de peso; pessoas com certas doenças como a tuberculose.

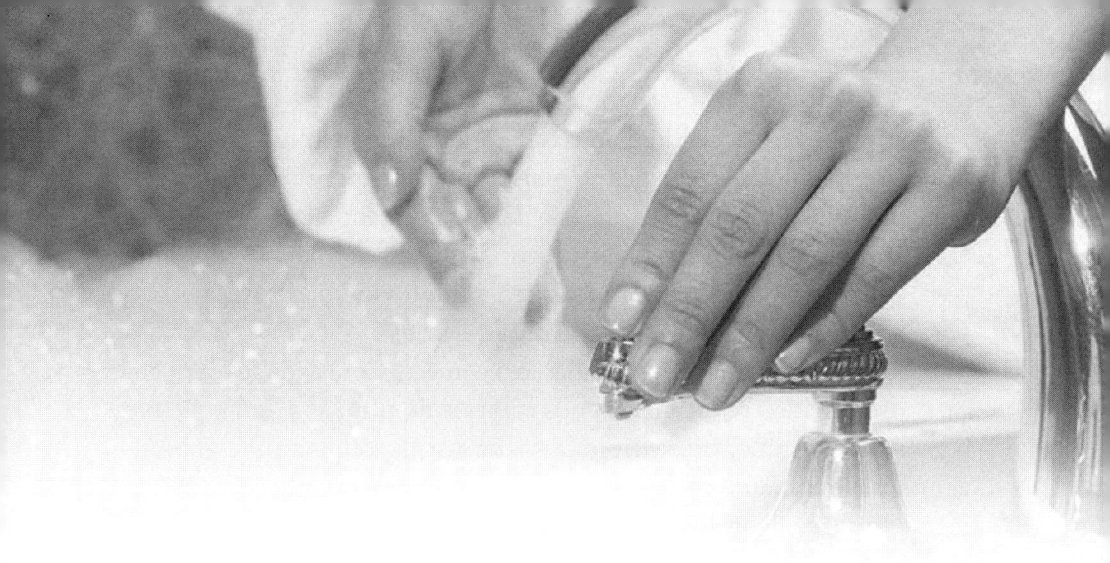

O princípio da água: a fonte de toda vitalidade

Fato: Sem água, não há vida da forma como a conhecemos.

Fato: Conforme envelhecemos ou adoecemos, perdemos água em nossos tecidos.

Fato: Tudo aquilo que não possui vida não tem água.

Conclusão: O caminho comum a todo processo de envelhecimento e adoecimento é a perda de água.

A fim de compreender como tratar efetivamente celulite e estrias, é necessário entender o princípio mais importante por trás do meu tratamento revolucionário. O princípio da água é a teoria por mim desenvolvida que permite às pessoas utilizar a água da forma mais eficiente para dar a seu corpo o grau ideal de saúde e vitalidade, de modo a poder corrigir problemas como celulite e estrias.

Beber água o suficiente é somente o começo. Com a idade e a doença, nossos tecidos se tornam menos capazes de utilizar a água que bebemos. Em resumo, o princípio da água corresponde a uma abordagem abrangente que repara nossos tecidos para que se tornem novamente capazes de utilizar essa água.

O princípio da água: a fonte da juventude

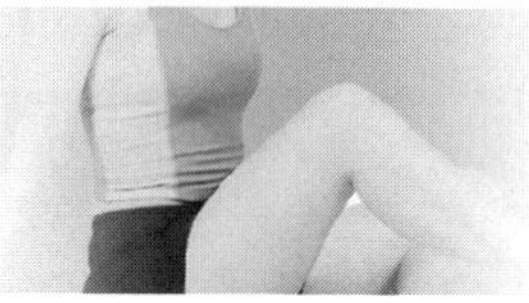

Como corrigir células e tecidos conjuntivos para prevenir a perda de água

Você sabe que a água é essencial à vida. Em geral se diz que é preciso beber oito copos de água por dia. Sem dúvida, é necessário proporcionar ao corpo hidratação suficiente para compensar aquilo que é gasto com respiração, transpiração e funções corpóreas gerais diárias. Entretanto, é ainda mais importante garantir que o corpo utilize essa água de maneira eficiente, para que não haja perdas.

O que acontece quando você bebe oito copos de água por dia? Existem grandes chances de você ir ao banheiro oito vezes por dia também. Toda aquela água que você está tentando repor não está sendo absorvida por seu corpo. Isso ocorre porque, conforme envelhecemos, as células do nosso corpo se rompem e perdem a capacidade de reter água. O corpo de um bebê é constituído de 75% de água. Quando atingimos a meia-idade, a quantidade de água em nosso organismo pode ser tão baixo quanto 50%. Tudo aquilo que não é mais vivo não possui água. Uma célula danificada que não consegue reter sua água é como um bolso furado. Você pode continuar colocando dinheiro nele, mas não adianta nada, já que ele apenas atravessa o buraco direto. Porém, uma vez corrigidas, suas células irão reter toda a água de que necessitam, prevenindo uma série de doenças relacionadas à idade.

Estudos independentes, bem como outros feitos em meu laboratório, revelaram os benefícios de se atrair água para os tecidos. Com freqüência, coloco pacientes no programa do princípio da água. Além dos benefícios com relação a suas doenças específicas, como acne, rugas ou celulite, há uma considerável redução da gordura corporal, um aumento na firmeza e no tônus da pele e dos músculos e, logicamente, um aumento da hidratação celular.

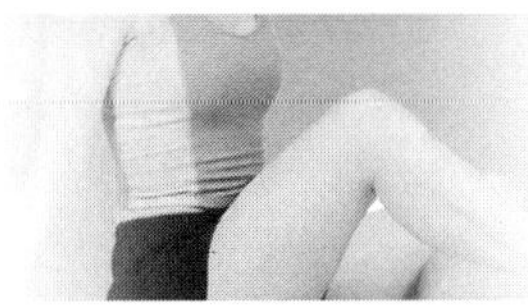

O gaveteiro do corpo

Seu corpo contém dois tipos de compartimento que retêm e utilizam a água: células e tecido conjuntivo. As células compõem os músculos e os órgãos, incluindo a superfície da pele. O tecido conjuntivo é o material fibroso que mantém os músculos e órgãos no lugar e liga um órgão ao outro. Infelizmente, conforme envelhecemos e somos expostos a danos ambientais, nossas células e nosso tecido conjuntivo se rompem. Eles perdem a capacidade de atrair e reter toda a água de que necessitam para funcionar num modo ideal, tal como fazem no corpo de um bebê. A água que escapa percorre de forma desnorteada os espaços entre as células e o tecido conjuntivo. Trata-se de água que não foi armazenada, em outras palavras, água "desperdiçada".

Essa água não apenas é inútil, mas também gera problemas. Ela se acumula em áreas inconvenientes, deixando você com tornozelos ou pálpebras inchados. Essa água deveria estar dentro das células e do tecido conjuntivo do seu corpo, mantendo o coração, o pulmão, o cérebro, o fígado e a pele saudáveis e vitalizados, mas não está. Seu corpo pode estar cheio dessa água e ainda se encontrar desidratado, porque a água está fora do alcance, indisponível para as áreas que necessitam dela. Meu programa do princípio da água se concentra em curar as células e o tecido conjuntivo, permitindo-lhes tornar-se completamente hidratados e vitais e assim permanecerem – pegando de volta a água "desperdiçada" e usando-a para a saúde e o bem-estar de todo o corpo. Ao longo deste livro, você aprenderá como um programa de hidratação do corpo constitui o único modo de reduzir a celulite.

Olhe para a pele de um bebê. Ela é firme, vibrante e elástica. Agora, olhe para sua pele. O que você nota? A cor pode estar irregular. Não é tão firme. Pode estar enrugando. É mais seca e mais frágil. Esses são os efeitos visíveis da diferença entre os tipos ideais e menos do que ideais do tecido conjuntivo e das células.

As células do bebê se encontram no ponto mais forte de sua vida. Elas possuem membranas celulares sólidas capazes de armazenar toda a água do corpo e, portanto, funcionam em seu grau mais alto. Isso se confirma em todas as células do corpo do bebê, incluindo as células do cérebro, do fígado e do coração. No entanto, como a pele é o órgão mais visível do corpo, é mais fácil verificar esse efeito ideal de hidratação observando a pele.

> "Como a estrutura molecular da água constitui a essência da vida, o homem que puder controlar tal estrutura em sistemas celulares mudará o mundo."
>
> *Dr. Albert Szent-Gyorgy, ganhador do Prêmio Nobel de Física*

Freqüentemente, as pessoas me perguntam o que ocorre com sua pele quando envelhecem. Eu muitas vezes faço uso da analogia com a bola de tênis. Pense numa bola de tênis nova como uma célula do corpo do bebê. Ela é forte e leve. Quando você bate nela, ela ricocheteia alto e funciona em seu potencial mais elevado. Agora, pense numa que você vem usando já há algum tempo. Ela não é tão firme quanto uma nova. Quando você a aperta, ela cede. Não salta tão alto quanto antes. A razão é que, devido ao desgaste pelo uso e aos danos que atingem a bola, ela desenvolveu pequenos buracos na sua superfície, permitindo que o ar escape. E, embora exista ar ao seu redor, não há como a bola atrair e utilizar esse ar, então ela funciona num ritmo mais baixo.

As células em seu corpo são muito semelhantes à bola de tênis. Conforme envelhecemos, nossos corpos são objeto de incontáveis danos ambientais, como o estresse, a poluição, a luz solar, a comida que ingerimos, entre outros. Embora as causas possam ser diferentes, os resultados são os mesmos. As membranas de nossas células são danificadas, o que permite que a preciosa água que as mantém funcionando escape aos poucos. Talvez estejamos bebendo bastante água. Mas, em geral, ela se torna água "desperdiçada" no nosso organismo, acumulando-se toda ao redor das células, mas não dentro delas. As células são incapazes de atrair e reter água tal como faziam quando éramos mais jovens.

O segundo compartimento é o tecido conjuntivo que, na pele, é a derme. A derme pode ser comparada a uma esponja. Se uma esponja se encontra sem água, fica seca, frágil, inflexível e pode se romper. Se uma esponja está cheia de água, mostra-se grossa, flexível e mais elástica. O mesmo se aplica ao tecido conjuntivo. Se o tecido conjuntivo está bem hidratado e cheio de nutrientes essenciais, ele é forte, elástico e jovem. Se fica sem tais nutrientes, sucumbe aos danos ambientais. Ele enfraquece e perde a capacidade de reter água. Com o tempo, ele se rompe, produzindo condições como a celulite, as estrias e rugas. O tecido conjuntivo de um idoso é seco e danificado, parecido com uma esponja desidratada. Ele é afetado pelo mais leve ferimento, da mesma forma que uma esponja rasga com a mais leve força. Se reidratarmos esses tecidos, eles ficarão bem menos suscetíveis a rompimentos e danos.

Para aumentar a capacidade de retenção de água de uma esponja, precisamos incrementar o material do qual ela é feita. O mesmo ocorre com o tecido conjuntivo. Conforme aumentamos a matriz ao fornecermos ao corpo seus elementos básicos, a glicosamina e os aminoácidos, ela consegue reter mais água, tornando-se mais firme, macia e jovial.

Como a pele é um órgão visível, ao olharmos para ela podemos ter um panorama da saúde celular e do tecido conjuntivo do corpo. Você possui celulite visível e estrias? Sua pele está enrugando? Ela está exibindo uma perda de elasticidade? Quando você belisca a pele, é necessário um tempo para que ela retorne à forma normal? Ela está seca? Se você vê algum desses sinais de envelhecimento ou de degeneração, há chances de outros órgãos se encontrarem num estado enfraquecido semelhante.

É possível fazer algo a respeito dessa perda de água? Com certeza. Se é verdade que o envelhecimento natural, ou intrínseco, é inevitável, o envelhecimento causado pelo ambiente, resultante de problemas como poluição, danos ocasionados pelo sol, fumaça de cigarro e estresses internos, pode ser reduzido ou prevenido e o dano causado a nossas células e ao tecido conjuntivo pode ser revertido. A seguir, apresento um guia para a reparação das paredes celulares de uma forma que, comprovadamente, reduz a celulite e as estrias e que permite que todas as partes de seu corpo, do cérebro até a pele, sejam jovens, saudáveis e vibrantes.

Compartimentos de Água

1. Células
2. Tecido conjuntivo
3. Não armazenada – água "desperdiçada"

A vida é definida pela água. O envelhecimento e as doenças são definidos pela perda de água.

Um programa simples em três linhas de ação

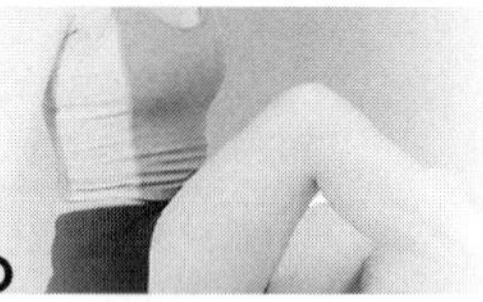

A prescrição para o tratamento da celulite que detalho nos capítulos que se seguem constitui uma abordagem em três vias. Internamente, ela envolve o fortalecimento e a cura das paredes celulares, a fim de se manter os níveis de água e a funcionalidade, e o fortalecimento e a cura do tecido conjuntivo. Externamente, envolve o uso de agentes tópicos para aliviar e fortalecer a camada córnea (a camada mais externa da pele). Isso protegerá a pele de danos ambientais e, portanto, prevenirá a perda resultante de água e nutrientes. Finalmente, o programa envolve algumas simples mudanças de hábitos, das quais tratarei no Capítulo 7. Se você seguir este programa, as células e os tecidos conjuntivos de seu corpo serão enormemente beneficiados. Você será mais saudável, menos suscetível ao envelhecimento prematuro e ficará com a pele e o tecido conjuntivo mais firmes. Primeiramente, vou me concentrar na pele, demonstrando como meu princípio da água pode reparar sua celulite e suas estrias.

Para reduzir a celulite e as estrias, precisamos fazer três coisas: (1) reparar o dano das células, (2) reparar o dano do tecido conjuntivo e (3) reparar a camada córnea.

Reparar o dano das células

O que precisamos fazer é manter a água no interior das paredes celulares. Nosso corpo é como uma fábrica, aliás, uma fábrica extraordinária. Está constantemente reparando danos causados às células e ao tecido conjuntivo. No entanto, ele freqüentemente carece da matéria-prima necessária para reparar tais danos. Tal como uma fábrica, com a idade o corpo necessita cada vez mais de matéria-prima para realizar o mesmo trabalho.

Lembre-se do meu exemplo da bola de tênis. Se você quisesse evitar que o ar continuasse a escapar dela, poderia levá-la a uma fábrica que colocaria uma camada de borracha ao redor da bola. Mas e se a fábrica não tivesse borracha? Você também precisaria fornecer isso. Se a fábrica tiver a borracha de que precisa, ela pode utilizá-la para fazer os reparos necessários.

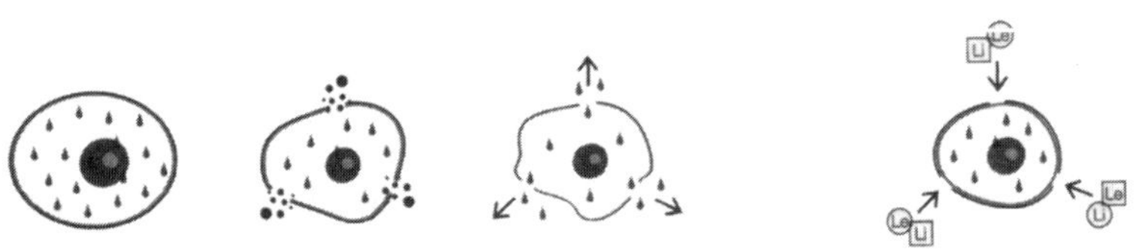

Célula saudável | A célula bombardeada por radicais livres e inflamações | A membrana da célula é danificada e a água escapa | A célula é reparada com lecitina e lipídios

O mesmo ocorre com seu corpo. Ele sabe como curar suas células. É uma de suas funções primárias. O problema é que, provavelmente, você não conseguirá obter na sua dieta os ingredientes necessários para reparar as paredes celulares. Suas paredes celulares são feitas de lecitina e de lipídios, entre outras coisas. Como a lecitina se encontra na gema do ovo, por exemplo, costumo recomendar aos meus pacientes que não têm colesterol alto que incluam ovos inteiros como parte de sua dieta.

Os lipídios ou gorduras constituem outro componente das paredes celulares. Os principais exemplos são os ácidos graxos. Eles são "essenciais" porque são necessários para a manutenção da saúde do corpo e, mesmo assim, nossos corpos não são capazes de produzi-los. Outros lipídios podem ser produzidos, mas, conforme envelhecemos, produzimos uma menor quantidade deles e, portanto, precisamos adicioná-los à nossa dieta. O problema é que ingerimos "gorduras ruins" e não ingerimos suficientemente as gorduras benignas, então nosso corpo utiliza as gorduras ruins para reparar as membranas celulares. Essas gorduras são mais suscetíveis a sofrer danos provocados por radicais livres e inflamações, agravando, assim, o problema.

A fim de fazer com que seu corpo repare essas paredes celulares danificadas, você precisa supri-lo com os ingredientes necessários. O resto, seu corpo fará. Os ácidos graxos são encontrados em peixes de água fria, bem como em algumas nozes, sementes e óleos vegetais. Você pode também tomar suplementos que contêm tais ingredientes, o que discuto em detalhe ao longo do livro.

Os ácidos graxos essenciais fazem mais do que somente reparar as paredes celulares. Na verdade, eles têm a capacidade de extrair água "desperdiçada" localizada entre as células, onde ela não surte efeito positivo, transferindo-a para o interior das células, onde a água beneficia seu corpo. E essa água fica dentro das células agora que suas paredes celulares foram reforçadas pela adição da lecitina e dos lipídios à sua dieta. Isso não só permite que todas as células do seu corpo funcionem conforme o esperado, mas também reduz o inchaço nos tornozelos e pálpebras, resultante da perda de água. Os benefícios acrescidos são os efeitos que isso terá sobre sua celulite.

O equilíbrio do corpo o impulsiona a reparar os danos que o tempo e o ambiente causaram às células. Ele só precisa da matéria-prima para completar essa tarefa. Uma dieta rica em lecitina e ácidos graxos fornecerá a seu corpo a matéria-prima da qual ele necessita para reconstruir e reforçar suas paredes celulares e manter a água onde ela deve ficar – no interior das suas células.

Reparar o dano do tecido conjuntivo

Estresses e danos externos (ambientais) e internos podem prejudicar o tecido conjuntivo da mesma forma como fazem com as paredes celulares. Tal qual as paredes celulares, o tecido conjuntivo é composto de substâncias que as dietas raramente fornecem em quantidades suficientes. A pele do tecido conjuntivo é a derme, que é elaborada a partir da matriz do corpo. A derme contém colágeno e elastina, feitas de aminoácidos, enquanto o restante da matriz é composto de GAGs, que incluem, por exemplo, o ácido hialurônico. O elemento básico do ácido hialurônico é a glicosamina.

Um bom exemplo dos efeitos poderosos que um nutriente vital pode gerar no corpo é o tratamento da osteoartrite. Essa forma de artrite é causada pelo enfraquecimento dos tendões e ligamentos, que são o tecido conjuntivo do sistema esquelético do corpo. Simplesmente fornecendo ao corpo a glicosamina da qual ele necessita para reparar o tecido enfraquecido, você pode reverter a dor debilitante da artrite. A glicosamina atua no tecido conjuntivo do corpo e não somente no sistema esquelético. Se seu corpo receber esse nutriente tão indispensável e os ingredientes necessários para metabolizá-lo, o sensível e enfraquecido tecido conjuntivo na sua pele se tornará tão firme e vibrante quanto era anos atrás, o que significa que você pode se despedir de muitas das rugas, da perda de firmeza e dos furinhos que aprendemos a aceitar como parte "normal" do processo de envelhecimento.

Fornecer às células e ao tecido conjuntivo os nutrientes necessários irá aumentar o funcionamento de todos os órgãos, da pele para dentro. Isso ficará claramente evidente quando você olhar para si mesma. Foi provado em testes independentes de laboratório que os pacientes que coloquei numa dieta rica desses nutrientes tiveram uma redução de 34% em suas rugas em apenas cinco semanas. Parece bom demais para ser verdade? Pode ser ainda melhor.

Você não apenas ficará com uma aparência mais saudável e com menos rugas, mas também a celulite e as estrias irão desaparecer. Depois que fortalecemos e reforçamos as membranas das células e do tecido conjuntivo, eles ficam firmes, no lugar. Eles não mais irão ser empurrados de lado por células de gordura dérmicas flutuantes que estão abrindo caminho na marra para a superfície e criando os furinhos irritantes que chamamos de celulite. A superfície visível da pele, assim como as células e o tecido conjuntivo, ficarão firmes, lisos, fortes e jovens. E você também ficará.

Reparar o dano

Há centenas de teorias que explicam a causa do envelhecimento e do dano ou degeneração – de toxinas à inflamação, passando pelos radicais livres – e há provavelmente muitas causas que ainda não vieram à luz. Os especialistas vão ficar discutindo sobre as causas até que você esteja confusa demais para saber o que fazer. O que importa não é a causa, mas o resultado. Não importa o que dá origem ao envelhecimento e à degeneração, o resultado é o mesmo: perda de água dos tecidos. No Japão há um ditado: "Conserte o problema, não a culpa". Independentemente do que causa o problema, é a perda de água que resulta em tecidos enfraquecidos e imperfeições como a celulite. É isso que precisamos consertar.

Para conseguir uma pele lisa, sem furinhos e saudável, precisamos reparar esse dano e repor a água perdida. Sua primeira linha de defesa contra a celulite é o tecido conjuntivo. Os tratamentos e nutrientes que descrevo nesta seção vão reparar o tecido conjuntivo por todo seu corpo. Os tecidos conjuntivos que se aplicam de maneira específica à celulite são, no entanto, os vasos sangüíneos e a derme.

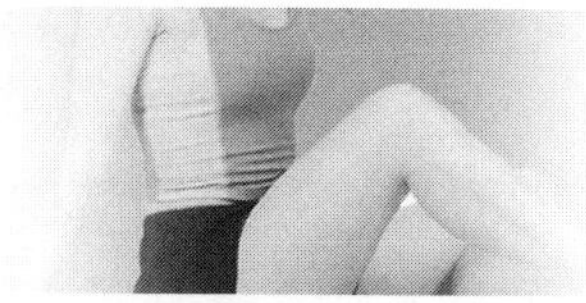

Estágio 1 da celulite: vasos sangüíneos

O primeiro estágio de desenvolvimento da celulite é a deterioração dos vasos sangüíneos. Isso começa a ocorrer bem antes de os sinais visíveis da celulite estarem presentes. A função dos vasos sangüíneos é transportar nutrientes, oxigênio e água pelo corpo para todos os tecidos que deles precisam.

A maior parte do que achamos que é sangue é, na verdade, água com algumas células sangüíneas e nutrientes jogados no meio. Quando radicais livres, inflamações e uma gama de outras fontes de degeneração atacam os vasos sangüíneos, eles enfraquecem e pequenos furos surgem em suas paredes. A princípio, esses furos são muito pequenos para que as células sangüíneas escapem por eles, mas não tão pequenos para que a água não vaze. Essa era a água que estava sendo levada para as células e para o tecido conjuntivo de todo o corpo – neste caso, as células da pele e da derme. A água que vaza pelos vasos sangüíneos nunca chega ao interior dos tecidos que precisam dela de maneira tão desesperada. Ela vaza e vaga pelas áreas externas aos compartimentos do seu corpo como água "desperdiçada" e não somente não traz nenhum benefício ao corpo, como fica retida, deixando você estufada e inchada.

Em algum momento, o dano aos vasos sangüíneos começará a afetar sua funcionalidade. Esses vasos acabam se tornando cada vez menos capazes de levar nutrientes e oxigênio para a pele faminta, especialmente se eles continuam sofrendo o dano ao qual estão sujeitos todos os dias.

Anteriormente neste livro, comparei o corpo a uma fábrica automatizada. Ele está programado para consertar qualquer problema que surja. O estado ideal do nosso corpo se chama homeostase. Nessa condição, todas as partes do corpo, cada sistema que o forma, funcionam em sua capacidade máxima. Quando qualquer coisa está fora de sincronia, o corpo vai automaticamente ao trabalho para corrigi-la. Por exemplo, a temperatura ideal do corpo humano é 37ºC. Quando estamos com 37ºC, estamos em homeostase. Quando a temperatura sobe além desse ponto ideal, nosso corpo corrige o desequilíbrio liberando suor, o que nos refresca. Contanto que tenhamos a água necessária no nosso sistema para produzir suor, seremos bastante eficientes em manter a homeostase.

Se o tecido conjuntivo se rompe, nosso corpo de maneira inata sabe que algo está fora de sincronia – que não estamos em homeostase. Ele imediatamente vai ao trabalho para reparar o tecido irregular, para reconstruí-lo a partir de seus componentes. Nossos corpos são peritos em reconstruir tecidos, contanto que tenha as partes disponíveis para isso. Infelizmente, esse não é sempre o caso – o que resulta em doenças evitáveis, envelhecimento precoce e o efeito "casca de laranja" na pele.

No Capítulo 1, mencionei que o tecido conjuntivo era feito da matriz do organismo, substâncias chamadas glicosaminoglicanos ou GAGs. Para reparar seu tecido conjuntivo, você precisa dar ao seu corpo o componente dessa matriz: a glicosamina. Você também precisa fornecer aminoácidos, os elementos básicos do colágeno e da elastina, que manterão seus vasos sangüíneos firmes e em forma. Você precisa das vitaminas e dos minerais-traço (oligoelementos) necessários para que seu corpo metabolize os aminoácidos e os transforme em colágeno e elastina. Finalmente, você precisa dar a seu corpo nutrientes para reidratar os vasos sangüíneos, a fim de atrair a água "desperdiçada" de volta para eles – a saber, ácidos graxos essenciais. Suplementar sua dieta com esses nutrientes pode parecer difícil a princípio, mas, na verdade, é muito simples.

Nutrientes vitais para uma pele vibrante

Uma paciente, que chamarei de Emily, veio me consultar a respeito de microvarizes nas pernas. Ela tinha entre 35 e 40 anos quando pela primeira vez procurou minha ajuda para esse problema. Ela crescera no sul da Califórnia, onde praticava muitas atividades ao ar livre, e fora jogadora de vôlei de praia profissional entre os 20 e os 30 anos. Depois de se casar e de ter seu filho, parou de jogar profissionalmente, mas ainda jogava regularmente com amigas. No entanto, alguns anos atrás, ela começou a notar microvarizes nas coxas. Ela passou a ter vergonha de mostrar as pernas em público e, em vez de jogar vôlei de calças compridas, simplesmente parou de jogar. Ao fim, decidiu que deveria fazer algo a respeito.

Cada vez que Emily vinha me ver, eu lhe dava pequenas injeções de solução salina que faziam a veia fechar e posteriormente ser absorvida pelo corpo. É uma solução razoavelmente eficiente para lidar com o problema cosmético dos vasos sangüíneos danificados e, por algum tempo, isso a deixou satisfeita. Ela até começou a jogar vôlei com as amigas de novo. Cada vez que novas veias apareciam em suas pernas, ela vinha me ver para removê-las. O que acontece com esse tratamento é que ele não atinge a causa do problema, então não previne o reaparecimento de microvarizes. Emily logo se cansou do ressurgimento das veias, e o pior é que elas estavam aparecendo com maior freqüência. Ela percebeu que não conseguia me procurar a tempo de manter as pernas livres das marcas. Novamente, parou de ir à praia e ficou muito chateada com o que estava se tornando uma condição degenerativa.

Eu queria prescrever uma solução mais abrangente e de longo prazo para ela. Perguntei-me como poderia criar um ambiente no corpo de Emily que impedisse a deterioração dos vasos sangüíneos e a criação de microvarizes. Perguntei-me: "De que são feitos os vasos sangüíneos?". A resposta era óbvia: de tecido conjuntivo, colágeno e elastina – justamente como a derme.

A melhor solução era fazer Emily entrar numa dieta que fornecesse a seus vasos sangüíneos todos os nutrientes de que precisassem para se fortalecerem por si mesmos. Eu sabia que, se pudesse lhe proporcionar os elementos básicos para a construção desses três elementos dos vasos sangüíneos, eles seriam capazes de se regenerar e permanecer fortes. Fazia sentido a idéia de que, com a nutrição apropriada, os capilares dela iriam parar de morrer e de aparecer como microvarizes. Esse era um método de tratamento não-convencional, mas eu sabia que, se Emily tentasse, iria ficar empolgada com os resultados.

O corpo é como uma árvore. Se não recebe água e luz solar em doses adequadas, enfraquece. Tão logo um parasita se aproxima, é bem provável que ele acabe matando a árvore, independentemente de quanto pesticida você puser. Entretanto, se você fornecer à arvore todos os nutrientes de que precisa para ficar saudável por si mesma, ela pode ficar forte o suficiente para conseguir se livrar da doença sozinha, sem a ajuda de pesticidas. E, ainda que não consiga fazer isso, os pesticidas terão mais condições de trabalhar para curar a doença se a árvore estiver saudável.

Antes de haver remédios havia comida.

Passo 1. A matriz

Infelizmente, nem sempre é fácil para o nosso corpo obter os nutrientes necessários por meio do alimento. Como você sabe, o tecido conjuntivo é feito da matriz do organismo, as GAGs. Isso inclui condroitina, dermatana e, de forma mais abundante, ácido hialurônico. Para fazer essas substâncias, o corpo as converte a partir de um nutriente chamado glicosamina. Seu corpo produz glicosamina, mas não em quantidade suficiente para reabastecer todo o tecido conjuntivo. Para conseguir criar tecido dérmico novo e saudável, o corpo precisa ser suprido com fontes externas desse nutriente vital. A glicosamina não é encontrada com facilidade nos alimentos, então recomendei que Emily começasse a tomar suplementos que são vendidos em qualquer loja de vitaminas. Uma dosagem de 1.000 a 2.000 mg por dia é o suficiente para suprir o tecido conjuntivo com um reforço de GAGs.

O ácido hialurônico, uma das GAGs que formam o tecido conjuntivo e que vem da glicosamina, também atrai água para os tecidos. É encontrado principalmente nas articulações, nos olhos e, de forma mais abundante, na pele. Hidratante natural do corpo, essa substância tem a capacidade de reter cem vezes seu próprio peso em água. É essencial para manter todo o tecido conjuntivo hidratado e, conseqüentemente, em ótimo estado de saúde e vitalidade. Conforme envelhecemos, nosso corpo produz cada vez menos dessa substância, deixando-nos com as articulações doloridas e a pele seca e enrugada. Adicionar glicosamina, um componente do ácido hialurônico, à sua dieta vai ajudar o interior e o exterior de seu corpo a ficarem hidratados e flexíveis.

Passo 2. Aminoácidos

Emily também precisava suplementar a dieta com aminoácidos para construir e reparar o colágeno e a elastina dos vasos sangüíneos.

Em geral, nosso corpo consegue os aminoácidos de que precisa a partir do nosso reservatório interno de aminoácidos e de uma dieta que inclua proteína suficiente. Quando comemos alimentos que contêm proteína, nosso corpo decompõe esta última em vários aminoácidos. Então, ele absorve os aminoácidos e os reconstrói na seqüência que necessitamos para tarefas específicas do organismo. De 20 aminoácidos só 11 podem ser fabricados pelo nosso organismo. Entretanto, não funcionamos sem os 20 aminoácidos. Então, é essencial que você consiga os nove restantes de fontes alimentares. Por causa disso, esses nove aminoácidos que nosso corpo não produz são chamados aminoácidos essenciais, e eu precisava estar certo de que Emily tinha um suprimento adequado deles para fortalecer os músculos, o tecido conjuntivo e, especialmente, o colágeno e a elastina.

Você talvez tenha ouvido dizer que pode conseguir os nove aminoácidos de que seu corpo precisa comendo carne. Sim e não. Os aminoácidos da carne já foram convertidos em colágeno e em elastina no organismo do animal. Seu corpo precisa decompor o colágeno e a elastina do animal em aminoácidos antes que possa fazer uso deles. Fontes mais diretas desses nutrientes são feijões, grãos integrais, castanhas, sementes, vegetais e frutas, incluindo minha supercomida preferida: *Lycium barbarum*. Esses vegetais são fontes de proteína capazes de suprir o corpo com quantidades adequadas de aminoácidos essenciais, contanto que sejam consumidos em variedade e que suas necessidades calóricas sejam satisfeitas. Eles contêm aminoácidos que são muito mais facilmente metabolizados pelo corpo.

Recomendei que Emily seguisse uma dieta com fontes variadas de proteína, como vegetais e tofu, e que substituísse a carne vermelha por peixes ricos em ômega-3 e por carne branca de aves, e sem pele.

Passo 3. Ácidos graxos essenciais

Uma dieta de sucesso para reparar o tecido conjuntivo de Emily também precisava incluir elementos que atraíssem água para seus vasos sangüíneos. Os ácidos graxos essenciais (AGE) são os principais carregadores de água para o tecido conjuntivo. Eles são encontrados em várias sementes e castanhas, como linhaça e nozes, e também em peixes de água fria. Ácidos graxos essenciais são outra supercomida. Eles são bastante benéficos para a saúde e você ainda vai ouvir falar muito deles antes deste livro terminar. Infelizmente, o corpo não é capaz de produzir sozinho essas gorduras tão necessárias, então você tem de consegui-las em fontes alimentares ou suplementos. Pedi a Emily que tomasse um suplemento de 1.000 mg de AGE de óleo de peixe por dia. (A alternativa vegetariana é tomar quatro suplementos de 1.000 mg de óleo de linhaça mais 100-300 mg de suplemento de DHA — ácido graxo.)

Além de pedir a Emily para tomar esses suplementos AGE, eu disse a ela para substituir todos os alimentos que contêm gorduras saturadas e transaturadas "ruins", como carnes vermelhas e gordura hidrogenada, por alimentos que contêm gorduras insaturadas "boas", como peixes, óleo de canola e azeite de oliva. Eu a adverti para consumir as gorduras com moderação porque, mesmo sendo boas, elas podem contribuir para o aumento de peso.

Passo 4. Vitamina B e minerais-traço

Nós também precisamos de nutrientes específicos para ajudar nosso metabolismo a transformar a glicosamina, os aminoácidos e os AGEs em tecido conjuntivo novo e saudável. Eles são como o óleo nas engrenagens da fábrica. São as vitaminas do complexo B e os minerais-traço, incluindo manganês, magnésio, cobre e zinco.

Recomendo escolher um suplemento multivitamínico/multimineral diário que tenha pelo menos 100% dos Valores Diários (VD) de todas as vitaminas do complexo B. Isso inclui biotina, uma das vitaminas mais caras, que alguns fabricantes, de forma mesquinha, não suprem nas quantidades esperadas.

NECESSIDADES DIÁRIAS DE VITAMINA B

Vitamina B	100% VD
Niacina (B_3)	20 mg
Ácido pantotênico (B_5)	10 mg
Cobalamina (B_{12})	6 mcg
Piridoxina (B_6)	2 mg
Riboflavina (B_2)	1,7 mg
Tiamina (B_1)	1,5 mg
Ácido fólico	400 mcg
Biotina (B_8)	300 mcg

Além de um multivitamínico/multimineral, você também pode pensar em tomar um suplemento B-50 de alta potência, que costuma ter 50 mg de cada vitamina B, exceto ácido fólico (400 mcg), vitamina B_{12} e biotina (B_8). Também recomendo escolher um suplemento multivitamínico/multimineral diário que supra pelo menos 100% do VD dos minerais e minerais-traço importantes. O Valor Diário é o preconizado pela Organização Mundial da Saúde (OMS) e pela Food and Drug Administration (FDA), mas estamos descobrindo que nosso corpo precisa de mais do que o VD para tratar de necessidades específicas. Portanto, em muitos casos, você deverá tomar mais do que o VD.

NECESSIDADES DIÁRIAS DE MINERAIS

Mineral	100% VD
Magnésio	400 mg
Ferro*	18 mg
Zinco	15 mg
Cobre	2 mg
Manganês	2 mg
Iodo	150 mcg
Cromo	120 mcg
Molibdênio	75 mcg
Selênio	70 mcg

* Escolha um multivitamínico/multimineral sem ferro se você já tiver passado pela menopausa.

Pode ser difícil encontrar um multivitamínico/multimineral que tenha 100% do VD de minerais como magnésio e cálcio porque eles ocupariam muito espaço no comprimido, tornando-o grande demais para engolir. Não há porcentagem estabelecida para outros minerais-traço, como silício, boro, vanádio, níquel e estanho. Então, procure um multivitamínico/multimineral que inclua esses minerais-ultratraço.

Também discuto no Capítulo 5 alguns alimentos que contêm esses nutrientes essenciais.

Em vez de fazer Emily mudar completamente a dieta e passar a consumir alimentos difíceis de encontrar, recomendei que ela tomasse todas essas vitaminas, minerais e nutrientes em comprimidos de suplemento diários. Esses são os ingredientes que por vezes ponho nos Murad Youth Builder Supplements e agora no Firm and Tone Dietary Supplement Pack junto com um suprimento diário de antioxidantes e antiinflamatórios. Emily estava cética a princípio. "Vitaminas para curar varizes?", perguntou. Pedi que fizesse uma tentativa e, se não ficasse contente com os resultados, poderíamos sempre voltar para as injeções salinas. "Estou me sentindo péssima atualmente", ela disse. "O que eu tenho a perder?"

Ela só me ligou três semanas depois, animadíssima com os resultados. Suas microvarizes haviam diminuído de forma significativa. Ela me ligou de novo depois de cinco semanas, e elas tinham desaparecido quase por completo. Mas havia muito mais. Seu corpo estava mais firme – não só as coxas, mas ele todo. O pouco de celulite que existia nas nádegas, e de que ela desistira de se livrar havia anos, tinha diminuído visivelmente. E o melhor de tudo era que ela estava de volta à quadra de vôlei. Ela disse que tinha mais energia do que nunca.

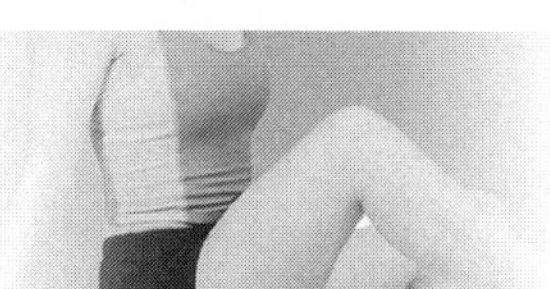

Estágio 2 da celulite: a derme

O primeiro estágio da celulite, a deterioração dos vasos sangüíneos, nem sempre resulta em microvarizes e danos visíveis às veias capilares, então a maior parte das mulheres não começam a tratá-la tão cedo quanto Emily, o que leva à deterioração da derme. Conforme pára de receber água fresca e nutrientes dos vasos sangüíneos, a derme fica seca e frágil e começa a perder elasticidade. A pele enfraquecida é perfeita para os ataques do sol, de fumaça de cigarro e das inúmeras outras fontes de dano a que somos expostos todos os dias. A derme, assim como os feixes de colágeno e de elastina nela presentes, se rompe, permitindo que as células de gordura passem para dentro dessa camada de tecido conjuntivo. A essa altura, a celulite já é visível quando pressionada entre os dedos e você pode sentir sua textura ao tocar as partes afetadas.

Não se preocupe, há um lado bom. Sua derme é um tecido conjuntivo igual aos vasos sangüíneos. Todos aqueles nutrientes que você precisa tomar para reparar os vasos sangüíneos são igualmente eficientes no reparo da derme para evitar que a celulite se torne visível. Minha dieta fortificante para a pele tem ainda mais benefícios. As rugas também são resultado da deterioração do colágeno e da elastina. Tomando suplementos e comendo alimentos ricos em glicosamina, aminoácidos, ácidos graxos essenciais, vitamina B e minerais, você fortifica as fibras de colágeno e de elastina e também reduz as rugas.

Alguns anos atrás, eu queria examinar o efeito dessa dieta em rugas e preparei um estudo que testaria os benefícios do programa. Eu sabia que o rompimento do tecido conjuntivo, do colágeno e da elastina que prepara o campo para a celulite era a mesma deterioração que causa as rugas. A principal função desse tecido na pele é mantê-la firme – sem celulite *e* sem rugas. Eu sabia que suprir o corpo com todos os nutrientes para a saúde ideal da pele repararia todos os efeitos do rompimento do tecido conjuntivo. Mas queria uma prova.

Fizemos com que os indivíduos do nosso estudo seguissem com suas dietas normais. Alguns acrescentaram suplementos que prescrevi, outros, não.

Essa experiência era um estudo duplo-cego, o que significa que nem os indivíduos estudados, nem os pesquisadores sabiam quem estava tomando os nutrientes. Isso eliminava a possibilidade de os pesquisadores verem o que quisessem ver ou o que achavam que deveriam ver. Medimos as rugas dos indivíduos no início do estudo e depois de cinco semanas. Os indivíduos que tomaram os nutrientes apresentaram uma redução de 34% nas rugas em apenas cinco semanas!

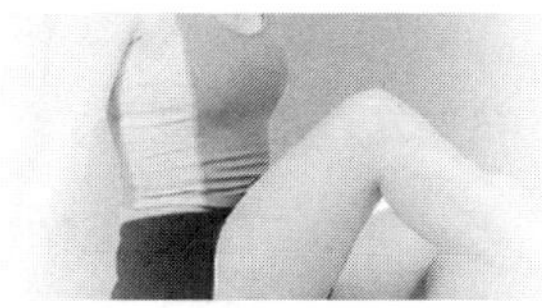

Estágio 3 da celulite: sua pele visível

A epiderme, a parte superior da pele, é a última linha de defesa contra a celulite e as estrias. Depois que a celulite já atravessou a derme, só é visível se a pele for apertada. Quando a epiderme está danificada e fraca, a celulite aparece o tempo todo. Como você sabe, essa camada da pele é feita de células. Se vamos fortificar essa parte do corpo, precisamos fornecer a ela todos os nutrientes de que as células saudáveis precisam.

Como mencionei anteriormente, quando as células sofrem danos, suas paredes se rompem e a água vaza. Isso faz com que elas se tornem fracas e ineficientes. Superficialmente, isso resulta em pele seca e áspera. Essas células enfraquecidas já não conseguem fazer com que a gordura fique abaixo delas, invisível. A gordura que passou através da camada de derme começa a aproximar-se da camada de células da epiderme, onde ela se torna celulite, claramente visível. Para evitar isso e para manter a pele lisa e elástica, precisamos repor os nutrientes que as células danificadas perderam.

Lecitina e lipídios

As paredes das células que estão ruindo são feitas de lecitina e lipídios. A lecitina é encontrada em muitos alimentos, predominantemente na gema do ovo e na soja. A melhor fonte de lipídios para reforçar as paredes das suas células são os mesmos ácidos graxos que funcionam tão bem para reintroduzir a água na sua derme. Como um bônus, esses AGEs não só reconstroem as paredes das células como também atraem a água perdida de volta para elas. Uma dieta rica em lecitina e AGEs fará maravilhas para a hidratação das suas células, conseqüentemente tonificando e fortalecendo todos os órgãos do corpo. A celulite não é páreo para células tão fortes. Partindo do princípio de que elas não perderam água demais, elas vão manter as células de gordura desobedientes abaixo da superfície da pele, de onde nunca deveriam ter saído. Além dos ácidos graxos essenciais, recomendo acrescentar alimentos ricos em lecitina à sua dieta.

TESTEMUNHO DE PACIENTE

Karen

Idade: 29

Ocupação: representante comercial

Áreas de preocupação: quadril e coxas

Testemunho pessoal

"Sou mãe e trabalho, não tenho muito tempo para me concentrar em mim mesma, mas resolvi tentar isso porque a celulite realmente me incomodava. Comecei usando tudo religiosamente, mas parei de utilizar o soro para o corpo depois de alguns dias porque simplesmente não tinha tempo de manhã e de noite. Eu tomava as vitaminas no café-da-manhã e no jantar. Essa parte era fácil. Não faço exercício e como bastante *fast food* com meus filhos, então foi uma grande surpresa ouvir meu marido comentar que minhas pernas e coxas estavam mais lisas. Ele nem sabia que as vitaminas eram para isso! Notei que meu rosto também estava mais liso. Não segui todas as instruções e até engordei um pouco nesses dois meses, mas estou feliz por minha celulite ter melhorado e por meu marido ter notado a diferença."

Programa Clínico

- administração diária de suplementos para tratar celulite, como sugerido neste livro.
- aplicação tópica de soro para celulite.

Resultados Clínicos

Visita inicial: celulite de estágio 3

Visita final: celulite de estágio 2

Observações Clínicas Adicionais

Medidas de Água:

Visita 1: Intracelular 19,2 Extracelular 16,6

Visita 2: Intracelular 19,8 Extracelular 15,7

Visita 3: Intracelular 20,6 Extracelular 15,6

Depois de oito semanas, houve uma diminuição de 1% da água extracelular e um aumento de 1,4% da água intracelular.

% de Gordura do Corpo

Visita 1: 42,2

Visita final: 35,2 (diminuição de 16,59%)

TMB (Taxa Metabólica Basal, número de calorias usadas em repouso)

Visita 1: 1.351

Visita final: 1.481 (aumento de 130 calorias queimadas em repouso por dia)

É sempre preferível obter os nutrientes a partir dos alimentos. Mas, se você não come regularmente tofu, ovos etc., é importante tomar um suplemento que contenha lecitina de soja ou seus elementos básicos, a colina e a fosfatidicolina, todos os dias. Aproximadamente 2.000 a 4.000 mg – ou aproximadamente uma colher de sopa de lecitina de soja granulada ou um ovo grande – é uma boa dosagem para se almejar.

Fontes alimentares comuns de lecitina

- Derivados de soja (ex.: tofu)
- Lecitina de soja granulada
- Ovos
- Espinafre
- Alface
- Couve-flor
- Amendoim e creme de amendoim
- Maçã
- Laranja
- Batata

Infelizmente, a maioria de nós não obtém os nutrientes de que precisamos para manter fortes as paredes das nossas células e já perdemos muito da nossa água tão necessária. À parte a celulite, podemos sentir os efeitos dessa perda de água celular de muitas maneiras. Por exemplo: sentimos sede ainda que bebamos muito líquido. Isso é sinal de que nossas células nos enviam a mensagem de que estão desidratadas. Podemos até tentar alimentá-las bebendo mais líquidos, mas se suas paredes perderam a integridade, a água vai passar direto por elas – e passar batido por nós.

O princípio da água é uma característica decisiva para a saúde do nosso corpo todo. Células desidratadas realizam suas tarefas com muito menos eficiência do que células hidratadas. As células que compõem nosso fígado, cérebro, coração, pulmões e todos os outros órgãos não desempenham suas habilidades ao máximo sem a quantidade ideal de água. Se as células estão nesse estado, é provável que você leve muito mais tempo para se recuperar de uma doença ou de uma infecção do que se tivesse células hidratadas. As células cerebrais desidratadas não funcionam no seu ritmo ideal e, então, é provável que você tenha fadiga mental com muito mais facilidade. Sua pele é seca e descama. Você tem menos energia e metaboliza a comida com menos eficiência. Some a isso os outros incontáveis efeitos deteriorantes da desidratação celular, incluindo o avanço da celulite, e você vai começar a entender como é fundamental suprir-se com uma ampla provisão de nutrientes hidratantes.

Os efeitos debilitantes da perda de água

Nos fins de semana, eu adoro caminhar nas montanhas de Santa Mônica com meu filho e minhas filhas. Faço isso há anos e minha resistência é muito boa. Entretanto, com o passar do tempo, comecei a perceber que perdia o fôlego cada vez mais cedo. Eu sentia cansaço numa fração da distância que antes percorria com facilidade. Também percebi que precisava de mais água do que antes. Nas caminhadas, eu ressecava. Beber água satisfazia minha sede por um período pequeno e, em minutos, eu precisava beber mais.

Eu sabia que meu corpo não estava utilizando a água com tanta eficiência quanto costumava fazer antes, então comecei a empreender um esforço consciente para comer mais ovos, soja, peixe e castanhas para reidratar os tecidos do meu corpo. Para o caso de não estar acrescentando o suficiente dessas usinas nutricionais à minha dieta, eu tomava suplementos de lecitina e AGEs todas as manhãs. Em semanas, me sentia muito mais vibrante nas minhas caminhadas. Logo em seguida, percebi que não precisava carregar uma garrafa de água comigo, já que minha sede não me incomodava ao longo de toda a caminhada. Eu ainda tinha energia de sobra quando chegava ao topo da trilha, que termina num pico chamado Los Liones. É uma suntuosa vista de um desfiladeiro, a praia e o vasto oceano Pacífico ondeando atrás. Compartilhar algo tão lindo com meus filhos é rejuvenescedor. É o tipo de experiência para a qual vivo.

Com essa dieta hidratante, conferi vitalidade às células do meu corpo. Meus órgãos, meu sistema nervoso, meu sistema cardiovascular e todo o resto receberam uma afinação de especialista. Se der o simples passo de adicionar essa breve lista de nutrientes à sua dieta todos os dias, você não só vai ver uma redução drástica da celulite e das estrias como também sentirá seu corpo renovado. Ele funcionará melhor e estará mais firme ao toque. Sempre digo a meus pacientes que também tomem suplementos porque nem sempre conseguimos ter certeza de que estamos ingerindo o suficiente de cada um dos nutrientes. Tomar mais do que 100% do VD dessas substâncias não faz mal. Você pode tomar os nutrientes individualmente ou usar o Murad Firm and Tone Dietary Supplement Pack, que contém todos esses ingredientes.

Sua pele, como o resto de seu corpo, foi feita para permanecer firme e jovem por anos e anos. Tudo que ela requer é manutenção regular. Pense nisso. Quando seu corpo diz que quer comida por meio da fome, você o alimenta, certo? Sinais como celulite, microvarizes e rugas precoces são a maneira do seu corpo dizer que suas células e seu tecido conjuntivo estão com fome e com sede. Vá em frente e dê a eles o que eles estão precisando. Não poderia ser mais fácil, e em semanas você estará animadíssima com os resultados!

Nutrientes que evitam o efeito "casca de laranja" para adicionar à sua dieta

- Glicosamina
- Aminoácidos
- Ácidos graxos essenciais
- Vitamina B
- Minerais-traço
- Lecitina

Prevenir a celulite

Você pode impedir o dano às células e ao tecido conjuntivo – o que causa a celulite – de ocorrer. Um dos efeitos mais destrutivos dos danos interno e ambiental aos nossos tecidos é a criação de radicais livres. Eles são destruidores de células, que começam uma reação em cadeia de danos. O corpo é atacado de muitas formas, entre as quais a luz solar e a poluição. Na verdade, um subproduto de muitas das funções naturais do corpo, tais como a respiração, é a produção de radicais livres. Se queremos evitar os danos que levam à ocorrência de celulite, precisamos desarmar os radicais livres.

Algumas fontes de dano por radicais livres

- Radiação ultravioleta do sol
- Poluição

- Fumaça de cigarro
- Estresse/depressão
- Falta de sono
- Exercícios exaustivos
- Dieta inadequada

Mesmo funções corpóreas cotidianas, como a respiração, podem produzir radicais livres.

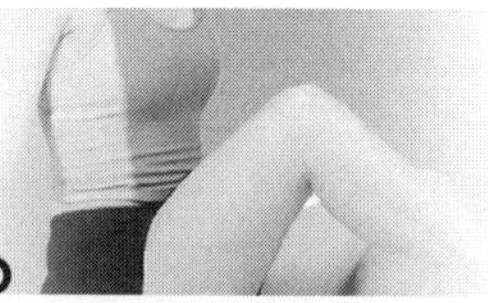

Radicais livres: os agentes do envelhecimento

Todas as moléculas em nossos corpos estão rodeadas de pares de elétrons que giram ao redor. Para uma molécula ser estável, ela precisa ter um número par desses elétrons. Apenas um único par não equilibrado irá fazer com que a molécula se torne inteiramente desequilibrada. Radicais livres são moléculas no corpo que perderam um elétron como resultado de danos recebidos.

Conforme os estresses interno e o externo atacam o corpo, a primeira coisa que eles atingem é a parte externa das células – as paredes da célula. Quando essas forças atacam uma molécula numa parede celular, o resultado é a destruição de um dos elétrons dessa molécula. Um dos pares de elétrons se torna, então, incompleto e sai numa busca frenética por um parceiro. Seu método é colidir com todos os vizinhos, danificando os elétrons até poder finalmente roubar um para si e se acalmar de novo.

Nesse processo de destruição, cada uma das moléculas vizinhas que sofreram uma colisão e foram danificadas pela original entra numa turbulência própria, fazendo com que os danos se espalhem rapidamente. Essa destruição que se propaga é chamada de estresse oxidativo. Se deixada incontrolada, a massa crescente de moléculas agressivas e incompletas pode levar tanto a envelhecimento visível quanto invisível, a efeitos que vão de rugas a atrofia do cérebro ou mesmo câncer. A molécula que foi atacada primeiro, a que começou toda a bagunça, é um radical livre, que espalha abundantemente sua própria destruição.

As únicas moléculas que podem perder elétrons sem se tornar instáveis são as moléculas antioxidantes. Elas têm a capacidade única de deter o estresse oxidativo no meio do caminho e, portanto, são um componente vital num programa para prevenir a formação da celulite.

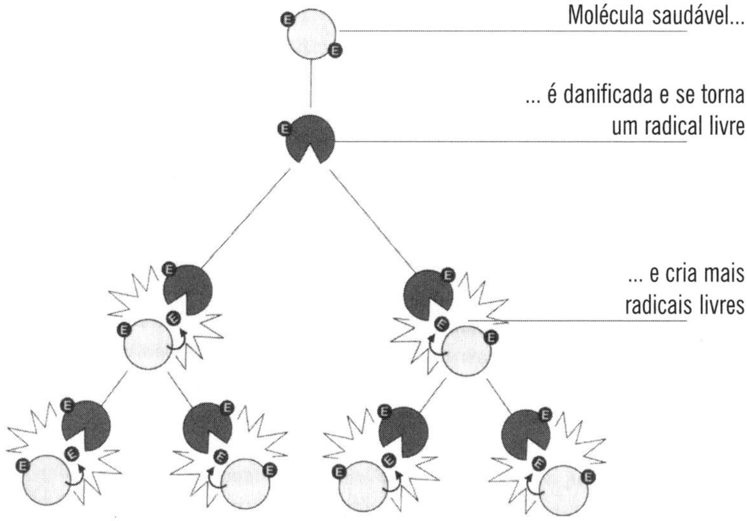

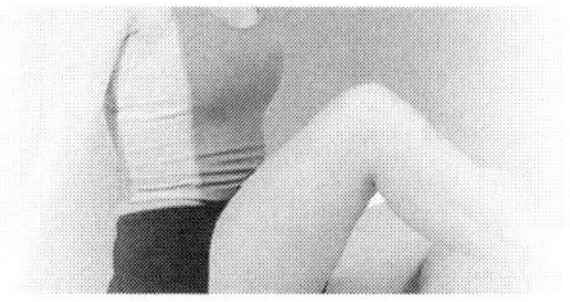

Antioxidantes: a fonte da juventude

Os antioxidantes são um assunto popular no mundo da saúde há vários anos. Você provavelmente ouviu falar muito sobre os benefícios e a importância deles para sua saúde geral. Mas você pode não saber o que são esses combatentes da idade e da doença e como funcionam. Os antioxidantes abrangem uma vasta gama de substâncias presentes na natureza que defendem o corpo contra danos. Cada um trabalha de um jeito próprio e tem pontos fortes específicos. Antioxidantes individuais normalmente têm uma área dos tecidos do corpo no qual são mais eficientes. Por exemplo, o ginkgo-biloba parece proporcionar a maior parte dos seus benefícios para o cérebro, enquanto a coenzima Q_{10} é eficiente no coração. Eles existem numa variedade de formas, incluindo vitaminas e minerais. Alguns são criados no seu corpo e outros precisam ser obtidos a partir dos alimentos e de suplementos. Com as técnicas de inserção mais modernas, alguns antioxidantes, tais como a vitamina C, podem ser eficientes até mesmo quando aplicados topicamente na pele.

A única característica que todos compartilham – a característica definitiva que faz deles antioxidantes – é sua capacidade única de desarmar radicais livres, prevenindo dessa maneira a propagação do estresse oxidativo. Os antioxidantes são equipados com elétrons de reserva. Eles viajam por seu sistema transferindo-os para radicais livres necessitados. Essas moléculas radicais livres reformadas não mais precisam atacar e roubar os vizinhos para ficarem completas.

O corpo produz radicais livres naturalmente, assim como os antioxidantes para desarmá-los. Dessa maneira, ele mantém o estresse oxidativo sob controle. Mas, por causa da quantidade de danos decorrentes de radicais livres infligidos a nós por fontes externas, nossos corpos não produzem quantidades suficientes de antioxidantes para deter isso. Em última instância, a batalha para manter a celulite longe será perdida para radicais livres incontrolados em nossos sistemas. A fim de inclinar a balança a nosso favor, precisamos de fontes externas de antioxidantes na forma de alimentos e suplementos. Avanços científicos modernos, que permitem a certos antioxidantes penetrar nas camadas profundas da pele, tornaram possível inserir combatentes de radicais livres diretamente na pele com cremes de aplicação tópica. Dessa maneira, podemos ter um reservatório de proteção em nossa pele pronto para ser invocado ao primeiro sinal de danos.

Algumas fontes de antioxidantes disponíveis de imediato

- Vitamina C: frutas cítricas, *Lycium barbarum*
- Vitamina E: pães integrais, grãos inteiros, castanhas
- Vitamina A (betacaroteno): cenouras e outras frutas laranjas e amarelas e vegetais
- Polifenóis: chá verde, uvas vermelhas e roxas, romãs

Há incontáveis antioxidantes disponíveis nos alimentos e suplementos. Você não precisa tomar todos, mas procure oferecer ao corpo um suprimento amplo. Há muitos tipos diferentes, cada um funcionando melhor em uma parte diferente do corpo. É do seu interesse manter o corpo cheio de uma variedade desses milagres antienvelhecimento o tempo todo. A melhor fonte são frutas e vegetais crus. No Capítulo 5, você lerá sobre minha dieta de solução da celulite, que contém mais comidas ricas em antioxidantes curativos e protetores. Por enquanto, vou detalhar apenas alguns dos meus favoritos, aqueles mais eficientes em tratar o dano dos radicais livres que leva à celulite.

Romãs: símbolos da vida

Como eu disse, antes de haver medicina, havia a comida. A romã, um dos remédios mais antigos que se conhece, fez muito para melhorar a saúde das pessoas de eras antigas. Ela é mencionada nos papiros médicos do antigo Egito e os gregos antigos a prescreviam como antiinflamatório, supressora da tosse e para arteriosclerose, asma e uma série de distúrbios intestinais.

As romãs também ocupam lugar importante na arte, na literatura e no folclore que moldam nossa visão coletiva de mundo. Podemos vê-las nas obras de Cézanne e Dali, na Bíblia e na mitologia grega. A romã, com freqüência, simboliza a vida e a fertilidade. Essas histórias e textos médicos antigos estavam na pista de algo. As romãs oferecem benefícios incríveis para a saúde e a longevidade. Elas são, na natureza, as mais potentes fontes de polifenóis, uma família de antioxidantes que funciona primariamente dentro da pele. O ácido elágico, encontrado em abundância nas romãs, é o polifenol mais importante. Ele tem os mais fortes recursos antienvelhecimento do que qualquer outro antioxidante até hoje examinado, e estudos na Universidade Northwestern e nas universidades de Wisconsin e Dakota do Norte descobriram que o extrato de romã e o ácido elágico são forças poderosas na luta contra o câncer. De acordo com o estudo publicado no *Journal of Agriculture and Food Chemistry*, o suco de romã tem três vezes o número de atividade de antioxidantes do chá verde ou do vinho tinto.

Desde que comecei a exercer a medicina, em 1972, tenho estudado a capacidade dos antioxidantes de reparar e proteger a pele. O ácido elágico encontrado nas romãs está entre as mais recentes adições a nosso arsenal de antioxidantes. Fui capaz de provar, por meio de um estudo independente, que o extrato de romã incrementa o FPS (Fator de Proteção Solar) do protetor solar em 20% e que ingerir a romã antes de usar o protetor solar aumenta esse fator em 25%. Isso significa que podemos manter o mesmo percentual de proteção contra os radicais livres e a inflamação do sol usando menos substâncias químicas e mais antioxidantes. A romã é tão eficiente em evitar os danos do sol que a acrescentei a todos os produtos da minha linha de proteção solar. Na verdade, fiquei tão impressionado com os resultados do estudo que criei um suplemento de puro extrato de romã.

Devido ao seu incrível poder antioxidante dentro da pele, o ácido elágico é um aliado vital na luta contra a celulite, que é desencadeada por danos causados por radicais livres dentro da pele. Para obter o benefício do ácido elágico dessa fruta, vá direto à fonte. Romãs e suco de romã são uma maneira deliciosa de proteger o corpo. Se eles estiverem em falta no mercado local, você pode tomar um suplemento contendo extrato de romã, como o Murad Pomphenol Sunguard Supplement.

Vitamina C e extrato de semente de uva

Além de seus poderes antioxidantes notáveis dentro da pele (e no resto do corpo, aliás), o extrato de semente de uva e a vitamina C decompõem substâncias no corpo conhecidas como colagenase e elastase, que destroem o colágeno e a elastina no tecido conjuntivo. Isso significa que esses antioxidantes na verdade evitam o dano que causa diretamente a pele flácida e as rugas e – você adivinhou – abre a porta para a celulite. Esses antioxidantes travam uma batalha de duas frentes contra os furinhos – uma contra os radicais livres e outra contra a decomposição do tecido conjuntivo.

Lycium barbarum: assassinos naturais da celulite

As *Lycium barbarum*, encontradas no Tibete e na Mongólia Interior, podem igualmente ser chamadas de frutas antifurinhos. Em termos nutricionais, elas talvez sejam a comida mais densa do planeta, sendo que a lista de ingredientes nutritivos que contêm parece um catálogo das substâncias que eliminam celulite. Não apenas isso, mas os benefícios gerais para a saúde são mesmo incríveis. Foi relatado que, em vilas onde as *Lycium barbarum* eram consumidas diariamente, não era incomum as pessoas viverem até bem mais de 100 anos.

Em relação aos seus benefícios antioxidantes, elas têm quase 500 vezes mais vitamina C por grama do que as laranjas e mais betacaroteno do que as cenouras. Elas contêm 18 tipos de aminoácidos, 21 minerais-traço e vitaminas B_1, B_2 e B_6. As *Lycium barbarum* também são ricas em ácido linoléico (um ácido graxo essencial) e betassisterol (um antiinflamatório). E elas são gostosas. Recomendo misturá-las em batidas e sucos, salpicá-las em saladas, iogurte sem gordura, iogurte de soja ou cereais de grãos inteiros, ou simplesmente as comer puras. Você pode encontrá-las à venda em muitos *websites*, bem como em alguns mercados ou no bairro oriental mais próximo.

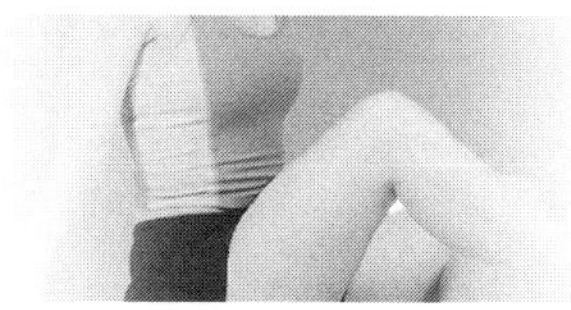

Inflamação

Danos por radicais livres são uma força primária na decomposição de tecidos que leva à celulite, mas não é a única. Ela funciona em conjunto com outro fator natural do envelhecimento – a inflamação.

A inflamação é um sinal de que seu corpo está reparando danos. O dano que ativa a inflamação é o mesmo que causa radicais livres. Na verdade, a própria oxidação ocasionada por radicais livres é um acionador da inflamação. Depois de um ferimento, infecção ou queimadura de sol, a área afetada fica vermelha e inchada. Ela pode ficar quente ao toque. Isso é o corpo dilatando os vasos sangüíneos para inundar as áreas afetadas com nutrientes antiinflamatórios especiais.

O problema é que permanecer num estado de alerta tão alto por períodos extensos de tempo irá, por fim, ter um efeito destrutivo ao corpo. Muitas das substâncias que seu corpo libera em resposta à inflamação, na verdade, causam os danos decorrentes da ação dos radicais livres e a deterioração das paredes das células que elas estão tentando proteger. Por essa razão, é importante usar ingredientes antiinflamatórios calmantes, tanto tópica quanto internamente, para aliviar a inflamação antes que ela possa fazer mais mal do que bem.

Felizmente, os antiinflamatórios estão disponíveis de forma ampla numa variedade de comidas e suplementos. Na verdade, os antioxidantes podem ser considerados antiinflamatórios porque previnem o dano de radicais livres que leva à inflamação, que existe tanto interna quanto externamente. Embora seja importante reduzir a inflamação usando tratamentos tópicos calmantes, é igualmente importante tomar antiinflamatórios por via oral para prevenir a inflamação dentro do corpo, em particular na derme.

Antiinflamatórios tópicos e internos

- Arnica
- Aloe vera
- Alantoína
- Camomila
- Zinco

A camada córnea: reforçando a armadura do corpo

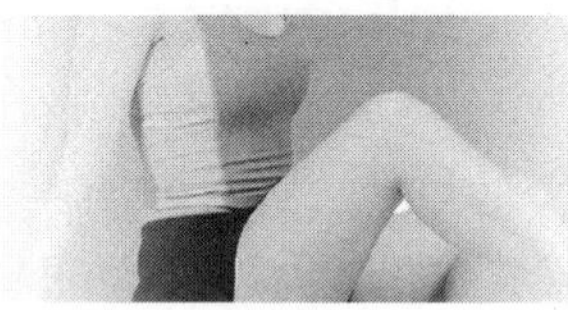

O método final de proteger o corpo dos danos que levam à celulite e abrem a porta para estrias é rejuvenescer e proteger a defesa primária contra forças externas. Você lembra que a camada córnea é a camada mais externa de células mortas e que estão morrendo na epiderme. Embora tenha apenas 0,015 mm de espessura, ela é a principal barreira para toxinas que tentam penetrar na pele e para água e nutrientes que tentam sair dela. É também a defesa natural contra a prejudicial radiação ultravioleta do sol. Como você sabe, quando perdemos componentes essenciais da pele, ou quando permitimos o dano que causa radicais livres e inflamação, os tecidos enfraquecem, cedendo terreno para a celulite avançar. Se quisermos manter o dano longe e a água dentro, é preciso que a camada córnea seja forte e vital.

A camada córnea é como uma parede de tijolos. As células mortas e as que estão morrendo agem como os tijolos e uma camada de lipídios as mantém no lugar, funcionando como a argamassa. Conforme as células nesta camada envelhecem (e, portanto, ficam mais secas), elas perdem essa função de barreira. Nosso corpo lida com isso produzindo, de forma constante, novas células da pele que se movem em direção à superfície, expulsando as células moribundas do alto. Dessa maneira, a camada córnea permanece vital o suficiente para nos proteger de maneira competente contra danos e perda de água.

Infelizmente, conforme envelhecemos, a taxa de rotatividade das células diminui. A camada córnea fica atulhada com células que simplesmente não seguram água. Quando chegamos à idade de 20 anos, com freqüência antes disso, é necessário dar alguma ajuda à pele.

Esfoliação: descobrindo uma imagem mais jovem de você

A melhor maneira de reforçar essa barreira crucial é por meio da esfoliação: remover de forma ativa as células mortas e ineficientes na superfície, enviando ao corpo o sinal para produzir outras novas. Isso garante que a superfície da pele fique repleta de células jovens, hidratadas e eficientes.

A diferença entre uma célula jovem e uma célula morta é semelhante à diferença entre uma folha viva e uma morta. Uma folha viva tem um revestimento liso e coberto de cera que a protege dos elementos. Ela é grossa e forte. Uma folha morta é fina e quebradiça. Ela perdeu sua camada de cera. Um vento forte pode arrancá-la da árvore e fazê-la se esfarelar. A mesma coisa vale para células mortas. Elas perderam a integridade de sua membrana externa. Estão fracas e secas e não podem mais funcionar de maneira eficiente. Células jovens e hidratadas compõem uma barreira forte e flexível. Para uma pele reluzente e saudável, a camada córnea precisa ser preenchida com as células mais jovens possíveis. Sem a esfoliação da pele, as células velhas e mortas se acumulam, dando-lhe uma tez embotada e pálida e destacando imperfeições, tais como rugas no rosto e celulite no corpo.

Há dois métodos básicos de esfoliação: química e mecânica. A esfoliação química envolve a aplicação tópica de agentes, tais como alfa-hidroxiácidos e beta-hidroxiácidos. Eles se infiltram entre as células da camada córnea da pele e amolecem as células mais externas, permitindo que saiam com mais facilidade. A esfoliação mecânica envolve uma esponja áspera, como uma esponja vegetal, uma escova para pele seca com cerdas naturais ou limpadores que contenham materiais abrasivos suaves, como sementes de jojoba, sal ou semente de damasco. Uma esfoliação mecânica todos os dias – ou dia sim, dia não – antes de tomar banho é uma maneira excelente não apenas de estimular o fluxo sangüíneo e esfoliar a pele, mas também de aumentar a capacidade do corpo de absorver quaisquer remédios para celulite de aplicação tópica que você venha a passar depois do banho.

Alfa-hidroxiácidos e beta-hidroxiácidos

Meus esfoliantes químicos favoritos vêm da família dos hidroxiácidos. Eles são algumas vezes ácidos de frutas, já que muitos são encontrados naturalmente em frutas. Por exemplo, o ácido málico vem das maçãs e o ácido glicólico é encontrado na cana-de-açúcar. Cleópatra era famosa por tomar banhos em coalhadas. Pode não parecer muito atraente, mas o ácido lático no leite deu a ela um brilho vibrante e jovem.

Na década de 1980, fui pioneiro na introdução dos hidroxiácidos no cuidado tópico da pele. Eles agora estão presentes em todas as variedades de cremes e limpadores e constituem componentes essenciais no aumento do brilho juvenil de milhões de usuários no mundo todo.

Os dois hidroxiácidos que oferecem os maiores benefícios para a esfoliação da pele são o ácido glicólico e o ácido salicílico. No rosto, eles podem reduzir linhas finas e rugas. Recomendo usar limpadores, cremes de tratamento e/ou cremes hidratantes que contenham um desses esfoliantes ou ambos. Mas os use com cuidado. A pele de cada pessoa produz novas células no seu próprio ritmo. É importante não remover células mortas mais rapidamente do que o corpo pode substituí-las. Se você sentir qualquer irritação ou vermelhidão enquanto utiliza esses produtos, empregue uma quantidade menor ou diminua a freqüência de uso.

Lembre-se: a pele de todo mundo é diferente e reage à sua maneira. Observe os sinais. Sua pele irá informá-la se precisa de mais ou menos. É importante notar que nem todos os cremes que contêm ácido glicólico são iguais. A pureza do ácido e o veículo que o distribui na pele afetam a eficácia do produto. Sugiro que você use marcas bem conhecidas ou procure descobrir se a companhia utiliza ingredientes de grau farmacêutico da Farmacopéia Brasileira. Eles podem ser ligeiramente mais caros, mas são mais eficientes e apresentam menos probabilidade de causar irritação do que ingredientes de menor qualidade. A lei não exige que cosméticos contenham ingredientes dessa pureza, mas as melhores linhas de produto fazem questão de usá-los.

Ouça seu corpo. Ouça sua pele.

Além das propriedades esfoliantes, outro benefício maravilhoso dos hidroxiácidos é que eles aumentam a penetração e a eficiência de outros agentes tópicos. Quando você usa um creme hidratante, outro importante defensor da camada córnea, em conjunto com um hidroxiácido, ele é capaz de penetrar mais fundo na epiderme, aumentando suas propriedades hidratantes e protetoras.

Escovação da pele seca

A escovação da pele seca é um dos tratamentos de esfoliação mais eficientes para pele com celulite e estrias. Não apenas o uso regular dessa técnica remove células velhas mortas ou que estão morrendo ao redor do corpo, como também aumenta o fluxo sangüíneo nas áreas afetadas e estimula a capacidade do sistema linfático de remover toxinas acumuladas.

A escovação da pele seca é uma técnica simples que pode ter benefícios incríveis, se feita regularmente. Você precisa de uma escova de corpo com um cabo longo para poder alcançar todas as áreas afetadas. Assegure-se também de que a escova tenha cerdas naturais, tais como as feitas de pêlo de cabra, de javali ou vegetais.

Recomendo escovar a pele uma vez por dia, de preferência antes de tomar banho. Varra com a escova uma ou duas vezes as áreas com problemas, em direção ao coração. Por exemplo, nas coxas e nas costas, escove para cima. No estômago, escove com uma pressão ligeiramente mais suave e de maneira circular no sentido do relógio. Complete a sessão de escovação com um banho seguido por uma aplicação de um creme hidratante para o corpo, estimulante e rico em nutrientes, tais como o Murad Firm and Tone Serum.

A escovação da pele seca é um método de tripla ação para tratar a celulite. Primeiro, ela faz a esfoliação, o que estimula o crescimento de células jovens e sadias da pele e ajuda na absorção de tratamentos tópicos da celulite que a ela se seguem. Segundo, ela estimula os vasos sangüíneos e, como sabemos, uma falta de fluxo sangüíneo é o primeiro sintoma do acúmulo da celulite. E, por fim, a escovação da pele estimula o sistema linfático. Ajudar na remoção de resíduos e substâncias tóxicas pelo corpo é o trabalho dos nódulos linfáticos. Conforme envelhecemos, o sistema linfático perde velocidade e precisa de um pouco de ajuda para completar de forma bem-sucedida seu trabalho. A escovação da pele seca é uma maneira excelente de alcançar isso. Se você escova antes do banho, não use quaisquer esfoliantes mecânicos ou químicos quando estiver se banhando, já que a esfoliação excessiva irrita a pele.

Hidratantes: agentes que atraem a água e previnem a perda de água

Você sabe como é importante manter a umidade adequada na pele. Uma das funções primárias da camada córnea é impedir que a água de dentro da pele escape. Isso é análogo ao teto de sua casa. A camada córnea funciona de maneira muito parecida. Você pode pensar nela como sendo o teto da sua casa e a água vital da pele como o calor que corre o risco de escapar. Quando somos jovens, esse teto é firme e intacto. Desde que estejamos tomando os nutrientes certos para colocar a água na pele, a camada córnea oferece uma barreira firme para mantê-la lá. Infelizmente, conforme envelhecemos, a capacidade dessa barreira diminui. Não apenas ela fica cheia, com um número maior de células mortas e ineficientes ao invés de células jovens e fortes, como também a camada de lipídios que forma a ligação das células se torna esgotada. Isso nos deixa prontos para o que é chamado de perda de água transepidérmica. A água escapa do tecido da pele e flui direto pela camada córnea até o ambiente, de maneira bem semelhante ao calor que escapa pelos buracos de um teto arejado. Muitas pessoas têm a pele desidratada, pronta para celulite e estrias oportunistas. E o suprimento de água limitado na pele pode estar escapando bem debaixo dos nossos narizes.

A camada córnea melhorou pela adição de agentes hidratantes

Isso explica por que usar um hidratante é tão importante. Usar um bom creme hidratante não apenas introduz água na pele; também reforça a ligação entre as células na camada córnea, impedindo que a água vital fuja e leve junto com ela a capacidade da pele de lutar contra a celulite.

A capacidade seladora da camada córnea é o resultado de dois tipos diferentes de substâncias. O primeiro grupo são os agentes hidrofóbicos, elementos que repelem a água. Isso pode soar confuso. Por que estamos repelindo água? Não queremos atrair água para nossa pele? Sim, queremos, mas, antes de mais nada, também queremos impedi-la de escapar. Esses elementos irão repelir a água que está tentando fugir e empurrá-la de volta aos tecidos. Exemplos de elementos hidrofóbicos na pele são uma classe de lipídios conhecidos como ceramidas.

O outro grupo de substâncias que confere à camada córnea sua capacidade de barreira são agentes hidrofílicos. Eles são materiais que adoram água e por isso atraem água do ambiente para dentro da pele. Exemplos de agentes hidrofílicos são o sódio PCANa e o ácido hialurônico. Um bom hidratante contém ambos os tipos de substâncias hidratantes para imitar e fortalecer a camada córnea. Quando aplicadas à superfície da pele seca e danificada, elas podem reforçar a função de barreira, substituindo e reforçando o tecido rompido. Dessa maneira, elas podem fortificar a camada protetora da pele, evitando a perda de água transepidérmica e impedindo a entrada de atacantes indesejados.

Os cremes hidratantes podem realizar outra função importante. Enquanto camadas mais profundas da pele precisam ser hidratadas por dentro por meio da ingestão de água e nutrientes hidratantes, a camada córnea tem a capacidade única de absorver a hidratação aplicada diretamente nela. Aplicar um creme hidratante contendo ingredientes tais como o sódio PCANa e o ácido hialurônico pode reidratar e novamente fortalecer de maneira instantânea e direta a superfície da pele, tornando-a uma força mais potente na prevenção da celulite. Ela irá parecer mais bonita, além de se mostrar mais lisa ao tato. Os efeitos hidratantes de produtos de uso tópico são temporários, mas a aplicação freqüente e consistente irá manter um ambiente saudável e hidratado no qual a pele pode florescer.

Uma maçã por dia

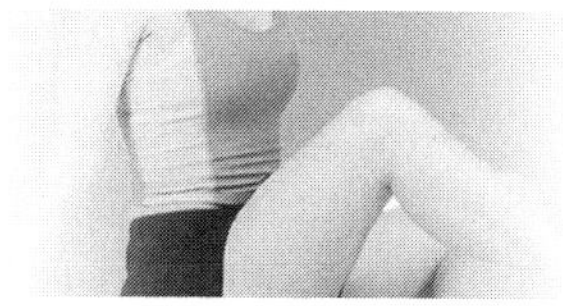

Eu aponto para meus pacientes e digo que, embora os tetos ajudem a manter o calor dentro de casa, eles podem ter outra função importante também. Eles nos protegem dos elementos. Da mesma forma que um teto danificado deixa a chuva entrar, uma camada córnea danificada permite a entrada de parasitas e infecções querendo atacar os tecidos da pele.

Uma boa analogia é imaginar que o corpo é uma maçã e a camada córnea é a casca ao redor dela. Se você cortar uma maçã na metade e deixá-la exposta aos elementos, ela ficará marrom e com rugas. Esse é o dano causado por radicais livres. Sem a casca para protegê-la do ambiente, a luz do sol e as toxinas podem atacar diretamente esses tecidos. A mesma coisa acontece quando você simplesmente dá uma pancada numa maçã. Embora a casca ainda pareça intacta, minúsculos buracos danificaram a integridade de onde ela foi contundida. A área diretamente abaixo da casca também começa a ficar marrom e a secar.

De maneira muito parecida, os tecidos do corpo, sem a proteção adequada e os antioxidantes, também ficam danificados, despigmentados, desidratados e enrugados. Se você espremer um pouco de suco de limão na maçã que ficou marrom, ela adquire um branco saudável de novo. A alta concentração do antioxidante vitamina C no limão contra-ataca o dano que o radical livre fez à maçã.

Outra coisa que você percebe é que mesmo uma maçã intacta se encolhe e murcha depois de ficar exposta ao ar por algum tempo. Isso porque o dano causado por radicais livres permitiu que a água vital da maçã escapasse, de maneira muito semelhante àquela pela qual a água escapa dos tecidos do corpo que não receberam o cuidado adequado. Na verdade, mesmo sem contundir ou cortar a maçã, com o tempo o ambiente causará seu dano e lentamente atravessará a pele.

Se colocarmos uma camada protetora de vaselina ao redor da maçã, isso irá protelar de maneira significativa o tempo que leva para ela se estragar – em especial se incluirmos agentes hidratantes, antioxidantes e antiinflamatórios nessa camada. Um hidrante aplicado na pele funciona da mesma maneira e tem as mesmas propriedades antienvelhecimento preventivas.

Eu recomendo aplicar um creme hidratante todos os dias em qualquer área do corpo que precise disso, em especial em áreas onde há celulite ou onde é provável que a celulite surja, tais como as coxas e costas. Um hidratante ideal contém agentes hidratantes, antioxidantes e antiinflamatórios. (Realmente, acredito que todos os produtos de cuidado com a pele devam incluir uma combinação desses agentes curativos.) Essa trindade é a receita Murad que está na base de todos os meus produtos. Um hidratante usado para tratar celulite de maneira ideal também inclui um agente que aumente o fluxo sangüíneo, tal como a pimenta caiena ou capsaicina.

Também é importante evitar secar de maneira ativa a superfície da pele usando produtos agressivos ou limpá-la de forma excessiva. Tanto quanto possível, use produtos suaves. Se sua pele está se sentindo seca ou irritada, a toalha arranca da pele a água e lipídios naturais necessários. Quando você terminar o banho, dê uns tapinhas para se secar e então aplique imediatamente um hidratante para prender a água restante na pele.

INGREDIENTES PARA SE PROCURAR NUM CREME HIDRATANTE

Hidratantes	Antioxidantes	Antiinflamatórios
Sódio PCANa	Vitamina C	Zinco
Ácido hialurônico	Vitamina E	Extrato de alcaçuz
Glicerina	Extrato de romã	Aloe vera
Extrato de *Lycium barbarum*	Extrato de *Lycium barbarum*	Extrato de *Lycium barbarum*

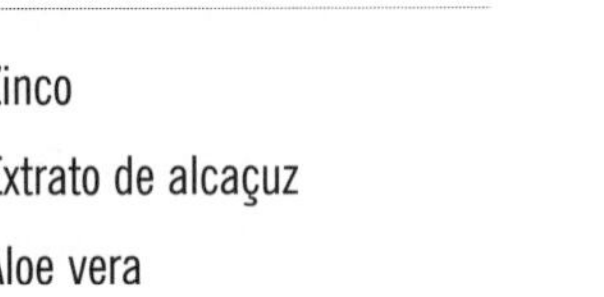

Proteção do sol

Hoje em dia, quase todos sabem quão danosos para a pele são os raios ultravioletas do sol. Não apenas a luz do sol direta gera uma pele seca, com rugas e hiperpigmentação, como também é uma das causas principais dos danos por radicais livres que enfraquecem as células da pele e o tecido conjuntivo. É de fundamental importância, para evitar esse dano causador de celulite, aplicar um protetor solar de amplo espectro em qualquer parte do corpo exposta à luz direta do sol. "Amplo espectro" significa que protege você dos raios UVB menores "queimantes" e também dos maiores e de penetração mais profunda, os raios UVA de "envelhecimento".

A melhor defesa contra a celulite é a prevenção das forças que as causam. Quanto mais conseguirmos minimizar a produção de radicais livres, a inflamação e a perda de água resultante, menor a chance de que novas celulites se formem algum dia no corpo. Combine isso com a aparência radiante que você vai ter e a forma maravilhosa como você vai se sentir com todos esses nutrientes preventivos e garanto que irá ficar empolgada com os resultados.

Ingredientes extras que devem ser buscados em produtos de aplicação tópica

- Extrato de romã (extrato de *Punica granatum*)
- Vitamina C
- Extrato de semente de uva
- Extrato de *Lycium barbarum*
- Zinco
- Carnitina
- Arnica
- Unha-de-gato (extrato de *Uncaria tomentosa*)
- Pimenta caiena (extrato da fruta de *Capsicum frutescens*)
- Extrato de *Centella asiatica*
- Erva-de-tigre (extrato de *Centella asiatica*)

TESTEMUNHO DE PACIENTE

Lucia

Idade: 40

Ocupação: corretora de imóveis

Áreas de preocupação: parte externa das coxas

Testemunho pessoal

"Eu tinha algumas áreas que chamava de amassados na parte externa das coxas. Basicamente, elas pareciam sulcos profundos. Isso era de fato irritante e, quando eu beliscava a área, parecia bem ruim. Eu tinha vários vasinhos no local e os tinha havia anos. Fiz dez tratamentos de endermologia e tentei outros cremes, mas parecia que paravam de funcionar quando eu deixava de usá-los. Parei de tomar minha vitamina diária e troquei por suas vitaminas. Depois de duas semanas, percebi que os amassados fundos estavam se preenchendo e os pequenos vasinhos começavam a desaparecer. Então entramos de férias e parei totalmente de tomar as pílulas. Que diferença isso fez no meu progresso! Agora as estou tomando regularmente e aplicando o gel todos os dias. Meu marido de 45 anos está em ótima forma, mas queria um abdome mais liso. Eu fiz com que passasse a usar as pílulas e o gel e ambos estamos percebendo a melhora. Ele diz que a pele está menos inchada. Embora não tenha mudado minha dieta completamente, modifiquei-a para incluir mais vegetais crus e troquei a manteiga pelo azeite de oliva. Tem sido fácil. Tanto eu quanto meu marido estamos cativados."

Programa Clínico

- administração diária de suplementos para tratar celulite como sugerido neste livro
- aplicação tópica de soro para celulite
- comer mais vegetais crus frescos, trocar a manteiga pelo azeite de oliva

Resultados Clínicos

Visita inicial: celulite de estágio 2
Visita final: celulite de estágio 1

Observações Clínicas Adicionais

Medidas de água:
Visita 1: Intracelular 19,2 Extracelular 16,4
Visita 2: Intracelular 18,3 Extracelular 16,0
Final: Intracelular 19,8 Extracelular 16,0

% de Gordura do Corpo

Visita 1: 34,7
Visita Final: 32,9 (diminuição de 5,19%)

TMB (Taxa Metabólica Basal, número de calorias usadas em repouso por dia)

Visita 1: 1407
Visita final: 1451 (aumento de 44 calorias queimadas em repouso)

Dieta para eliminar a celulite recente

Não deixe o nome deste capítulo assustar você. Em meu programa, a dieta não se destina a perder peso ou a privá-la de comidas que você adora. Trata-se de acrescentar, ao que você come, alimentos saudáveis ricos nos sete nutrientes de combate à celulite. Essa é uma modificação da dieta do Método Murad para saúde e vitalidade e se baseia no princípio da água. O que lhe peço para fazer nessa dieta é introduzir uma ampla variedade de comidas saudáveis e deliciosas na sua rotina habitual e, sempre que possível, substituir opções menos saudáveis por elas. Não há necessidade de monitorar estritamente seus hábitos alimentares ou de fazer sacrifícios. Tudo que peço é que você, na medida do possível, incorpore esses destruidores de celulite à sua alimentação diária. Como nem sempre é possível comer o suficiente dessas comidas, também é importante ingerir esses nutrientes na forma de suplementos todos os dias.

Embora perder uns quilinhos não seja o objetivo dessa dieta, se você está acima do peso isso certamente será de seu maior interesse. Acrescentar as comidas específicas que recomendo irá atacar e reparar a celulite e as estrias, mas esses alimentos não irão funcionar tão bem se você não estiver tão saudável quanto possível. Saúde gera saúde. Qualquer programa terá de trabalhar com mais empenho e será menos bem-sucedido se estiver sendo aplicado num corpo fora de forma e acima do peso. Os alimentos seguintes, quando ingeridos com moderação, irão fornecer ao corpo as ferramentas necessárias para que ele se torne saudável e permaneça assim sem contribuir para o ganho de peso. Pessoas que passaram por essa dieta vangloriam-se de ter mais energia, ficar doentes com menos freqüência e ter a pele mais firme. Elas também saíram da dieta com uma porcentagem de gordura no corpo menor e uma taxa metabólica basal mais alta. Isso significa que seus corpos queimavam mais calorias depois do programa sem acrescentar nenhuma atividade extra à sua rotina. Você provavelmente nunca achou que iria ouvir alguém dizer isso, mas você pode diminuir sua celulite comendo!

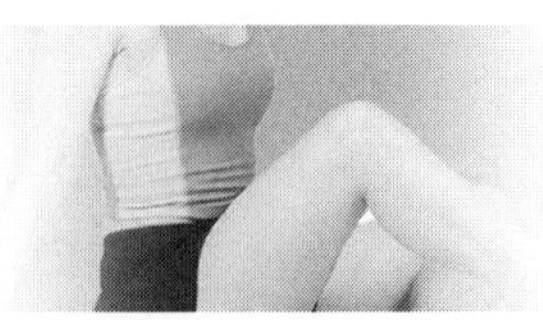

Eliminador de celulite nº 1: lecitina

A lecitina é um componente vital de qualquer programa de eliminação de celulite. Ela repara os tecidos preenchendo-os e reconstruindo as paredes das células, ajudando todos os órgãos a ficar totalmente hidratados e a funcionar em seu grau mais alto. O efeito visível disso é uma pele lustrosa e jovem, que é forte demais para a celulite surgir nela.

Fontes alimentares de lecitina

- ovos
- produtos de soja, incluindo leite de soja e tofu. (Estes podem ser uma escolha melhor do que os ovos, já que não têm colesterol.

Se você se preocupa com o colesterol encontrado nos ovos, pode considerar a hipótese de tomar suplementos de lecitina de soja, tais como grânulos de lecitina de soja em pó, que podem ser acrescentados a seus alimentos e bebidas favoritas. Uma colher de sopa de grânulos de lecitina de soja tem 1.725 mg de lecitina.)

- couve-flor
- amendoins e manteiga de amendoim
- laranja
- batata
- espinafre
- alface chinesa
- tomate

A fim de garantir que você esteja recebendo o suficiente dessa força para a hidratação de células, tome um suplemento de lecitina (2.000 – 4.000 mg) todos os dias.

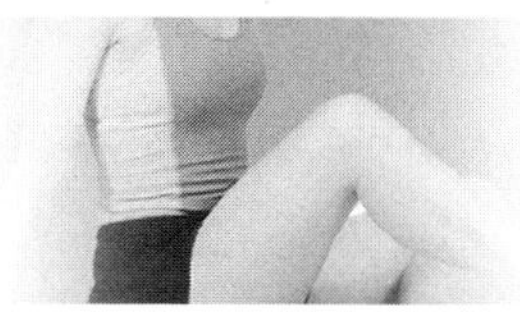

Eliminador de celulite nº 2: glicosamina

Conforme o corpo sofre danos, a derme se rompe. Uma derme danificada não pode manter o conteúdo suficiente de água e começa a secar e a se romper. Isso faz a pele ficar menos elástica, com rugas e celulite. O tecido conjuntivo fraco e quebradiço é facilmente invadido por células de gordura dérmicas, gerando furinhos na pele. Infelizmente, seu corpo não produz peças componentes para fabricar novo tecido conjuntivo, a fim de reparar a derme tão rapidamente quanto ela é danificada. A glicosamina é o elemento essencial dos ingredientes necessários para reparar a derme, assim como todo o resto do tecido conjuntivo por todo o corpo. Um suprimento adequado desse fortalecedor e rejuvenescedor da pele pode ser o componente mais importante de um plano de combate à celulite.

A glicosamina não é prontamente encontrada em alimentos (a não ser que você queira começar a comer camarão com a casca). Ela está disponível como suplemento sozinha ou como parte de um multinutriente em qualquer loja de vitaminas. Tome 1.200 mg de sulfato de glicosamina ou hidrocloreto de glicosamina (HCL) todos os dias.

Eliminador de celulite nº 3: ácidos graxos essenciais

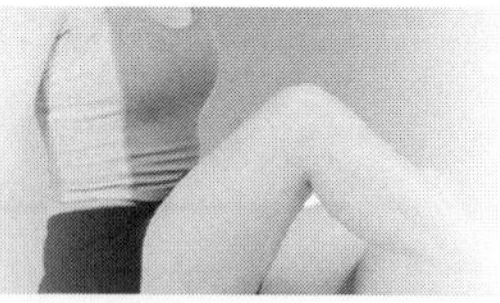

Todas as partes do corpo – o cérebro, o coração, os pulmões, a pele, os músculos, os ligamentos e tudo mais – precisam de água para funcionar adequadamente. Sem água suficiente nas células, os órgãos não podem realizar suas operações normais nem se comunicar uns com os outros. Como você sabe, a perda de água dentro das células e do tecido conjuntivo é associada com problemas de saúde em todos os sistemas do corpo. Contudo, conforme envelhecemos, nossas células e tecidos conjuntivos retêm cada vez menos água. Ou será que conforme perdemos a capacidade de reter a água nós envelhecemos?

Há uma família de substâncias que não apenas atrai água para as células e para o tecido conjuntivo desidratado por todo o corpo, como também evita a perda de água, reparando a parede de nossas células. Os ácidos graxos essenciais são o óleo que lubrifica as engrenagens do corpo. Por mais coisas boas que eu diga sobre eles, ainda não terei dito o bastante. Na verdade, a única coisa errada com eles é que não são produzidos naturalmente dentro do corpo humano. Para obter nutrientes essenciais que compõem os ácidos graxos essenciais, precisamos recorrer a fontes externas.

Ácidos graxos ômega-3 contêm ácido alfa-linoléico; ácidos graxos ômega-6 contêm ácido linoléico e ácido gama-linoléico. Tome ao menos 2,2-4,4 g de ácido alfa-linoléico (ácido graxo ômega-3) por dia. Embora o ácido graxo ômega-6 também seja importante, ele é mais predominante na dieta ocidental média, então, geralmente não precisamos tomar esses suplementos. Também substitua alimentos que contenham gorduras saturadas e gorduras trans em sua dieta por alimentos que contenham AGEs e outras gorduras não saturadas, tais como o ácido oléico (ácido graxo ômega-9). O azeite de oliva também é rico em ácido oléico. Peixes de água fria são as melhores fontes animais de ácidos graxos ômega-3 e a linhaça é a melhor fonte vegetal.

Gorduras não-saudáveis

- manteiga
- margarina
- óleos vegetais parcialmente hidrogenados ou banha vegetal
- batata frita em suas diversas apresentações
- gordura em carne de vaca e de porco

AGEs e outras gorduras saudáveis

- óleo de linhaça
- azeite de oliva
- óleo de canola
- óleo de noz
- sementes (sementes de linhaça, sementes de girassol, sementes de cânhamo)
- nozes (nozes cruas, amêndoas, caju, castanha-do-pará, pistache) óleo de peixes de água fria

Alguns desses peixes, como o atum e o salmão, podem conter níveis altos de mercúrio e outros contaminadores, então você não deve comê-los com freqüência. Mulheres grávidas ou que estão amamentando devem limitar o atum a uma vez a cada duas ou três semanas. Suplementos de AGE são a maneira mais segura e certa de conseguir sua dose diária desse nutriente maravilhoso.

Como regra geral, alguns peixes são seguros para se comer todos os dias, enquanto outros são preocupantes. Quando for decidir o que fazer para a refeição, use este guia como referência.

Melhor Escolha	Cuidado	Evite
Anchova		
catfish (EUA, de viveiro)		
caviar (de viveiro)		caviar (beluga, osetra, sevruga)
vôngoles (de viveiro)	vôngoles (selvagem)	
bacalhau (negro/Alasca, Colúmbia Britânica)	bacalhau (Pacífico, negro/ Washington, Oregon, Califórnia)	bacalhau (atlântico, islandês, rock)
caranguejo (Dungeness)	caranguejo (snow, surimi, king/Alasca)	caranguejo (king/importado)
arenque		
lagosta (rock/Califórnia, Austrália)	lagosta (americana)	
cavala		
mexilhões (de viveiro)	mexilhões (selvagem)	
ostras (de viveiro)	ostras (selvagem)	
salmão (enlatado, selvagem, Alasca, Califórnia)	salmão (selvagem, Washington, Oregon)	salmão (de viveiro do Atlântico)
sardinha		
	vieira (de viveiro e selvagem)	
perca do mar (branca)		perca do mar (chilena)
	tubarão (thresher Costa Oeste dos EUA; a Audubon Society relaciona todos os tubarões na categoria "muitos problemas")	tubarão (todos os outros)
camarão/camarão graúdo (pegos em armadilhas; a Audubon Society relaciona todos os camarões na categoria "muitos problemas")	camarão (de viveiro ou selvagem, dos EUA)	camarão (importado)
	linguado (inglês, petrel, Dover, rex)	
lula (Califórnia)		
esturjão (de viveiro)		esturjão (selvagem)

Melhor Escolha	Cuidado	Evite
peixe-espada (EUA, costa oeste)		peixe-espada (Atlântico)
tilápia (de viveiro)		
truta (arco-íris de viveiro)		
atum (albacore, yellowfin)	atum (albacore, yellowfin, bigeye longline ou purse-seine selvagem; enlatado)	atum (bluefin)

Fontes: Monterey Bay Aquarium Seafood Watch e o Audubon Society Seafood Lover's Guide.

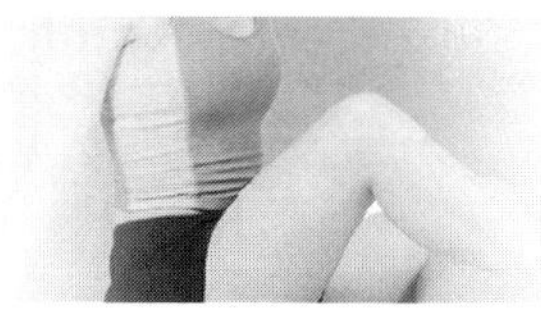

Eliminador de celulite nº 4: aminoácidos

Você provavelmente está mais familiarizado com o termo "proteína" do que com o termo "aminoácidos". A proteína é composta de 20 aminoácidos de que precisamos para reconstruir tecido danificado e para as funções cotidianas do corpo. Quando comemos alimentos ricos em proteínas, nossos corpos as quebram em aminoácidos individuais. Entre as várias razões pelas quais os aminoácidos são importantes, devemos citar a de que eles são essenciais para a produção de colágeno e elastina no tecido conjuntivo do corpo.

Ainda que todos esses aminoácidos sejam essenciais, apenas nove deles são realmente chamados de "aminoácidos essenciais". Embora precisemos de todos os 20 para funcionar, nosso corpo não pode fabricar esses nove por si mesmo. Precisamos obtê-los de fontes externas de alimento.

Aminoácidos essenciais

- histidina
- isoleucina
- leucina
- lisina

- metionina
- fenilalanina
- treonina
- triptofano
- valina

Aminoácidos não-essenciais

- alanina
- arginina
- asparagina
- ácido aspártico
- cisteína
- ácido glutâmico
- glutamina
- glicina
- prolina
- serina
- tirosina

Toda carne, frango, peixe, queijo, leite, ovos e soja contêm boas quantidades de todos os nove aminoácidos essenciais. Vegetais de folhas verdes, nozes e trigo também contêm proteína. Uma dieta bem equilibrada com uma variedade de fontes de proteína provavelmente irá lhe fornecer todos os nove aminoácidos essenciais de que você precisa. (Os vegetarianos também podem querer acrescentar uma colher de proteína de soja em pó isolada à sua dieta todos os dias.) Você pode misturar isso ao cereal ou ao iogurte sem gordura, ou mesmo a bolos e tortas. A dose diária média de proteína recomendada para mulheres é de aproximadamente 50 g por dia.

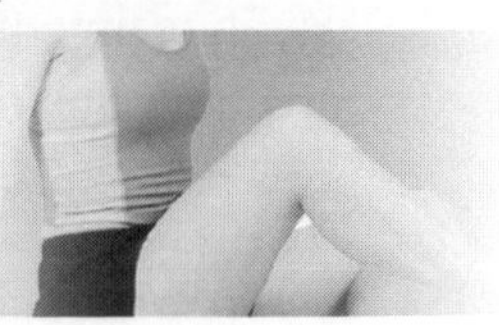

Eliminador de celulite nº 5: antioxidantes

Sem os antioxidantes, sucumbiríamos às doenças e ao envelhecimento anos antes do tempo. Proporcionar ao nosso corpo um fornecimento amplo de antioxidantes curativos é a única maneira de impedir que os danos causados pelos radicais livres devastem todos os tecidos. Eles se mostram tão eficientes em evitar danos que muitos são amplamente usados para ajudar a prevenir o câncer. Entre suas muitas funções na pele está a capacidade de evitar o dano que enfraquece a derme e a epiderme e abre a porta para a celulite. Antioxidantes suficientes em sua dieta podem evitar que os tecidos se quebrem e se transformem em futuros nódulos e furinhos.

Embora muitos antioxidantes tenham uma dose diária recomendada, tais como as de vitaminas A, C e E, a maioria não tem. Quando estiver fazendo essa dieta, não tente contar os miligramas da ingestão de antioxidantes. Basicamente, coloque em sua dieta tantas dessas estrelas da prevenção do envelhecimento quanto possível.

As melhores fontes de antioxidantes são as plantas. Embora bagas e frutas cítricas sejam as fontes mais abundantes, todas as frutas e os vegetais fornecem boas quantidades de antioxidantes. Como regra geral, quanto mais escura e brilhante for a cor da comida, mais densamente ela é carregada de vitaminas. O arando é um ótimo exemplo. A cor azul rica dessa fruta é uma indicação de sua forte concentração de flavonóides combatedores de radicais livres. A próxima vez que você estiver no corredor de produtos agrícolas no supermercado, veja o que chama sua atenção de imediato. Provavelmente é o mais benéfico. Compre as frutas mais vívidas e atraentes que puder encontrar. Seu corpo irá agradecer.

Outra dica útil quanto aos antioxidantes é evitar cozinhar demais esses alimentos. Quanto maior a quantidade de calor a que eles ficam sujeitos, mais nutrientes vitais e água perdem. Na maioria dos casos, frutas e vegetais crus têm a concentração mais forte de antioxidantes. Além disso, coma esses alimentos tão frescos quanto possível. Quanto mais tempo essas frutas ficam longe da planta que lhes deu origem, mais os antioxidantes dentro delas se dissipam.

Polifenóis

A família dos polifenóis é a minha família favorita de antioxidantes. Eles são uma classe de substâncias químicas de plantas encontradas em grandes concentrações no chá, em uvas vermelhas, no vinho tinto e em muitas outras frutas associadas com prevenção do câncer, redução de doenças do coração e saúde da pele. O polifenol mais forte é o ácido elágico. As concentrações mais significativas são encontradas em framboesas, morangos e, é claro, em romãs.

Fontes alimentares de polifenóis

- nozes
- cereais integrais
- frutas, vegetais e bagas de cores brilhantes
- soja
- chá (em especial o chá verde)
- uvas vermelhas
- vinho tinto
- cebolas
- frutas cítricas
- romã
- *Lycium barbarum*

Vitamina A

A vitamina A é um antioxidante que representa um grande papel na reparação dos tecidos do corpo e é vital para uma boa visão e para uma pele saudável.

Fontes alimentares de vitamina A

- fígado
- batata-doce
- cenoura
- *Lycium barbarum*
- manga
- ovos
- leite

Vitamina C

Frutas cítricas e a *Lycium barbarum* são as melhores fontes de vitamina C. No entanto, praticamente todas as frutas e vegetais contêm este poderoso antioxidante.

Outras fontes de vitamina C

- kiwi
- manga
- mamão
- groselha negra

Vitamina E

A vitamina E é um antioxidante solúvel em gordura muito potente. Isso significa que pode ser armazenada nas paredes das células, ficando pronta para a proteção imediata contra os radicais livres. Óleos vegetais, nozes, como amêndoas, germe de trigo e vegetais de folhas verde-escuras são as melhores fontes alimentares de vitamina E. A DDR (Dose Diária Recomendada) da vitamina E é de 15 mg ou 22 UI.

Outros antioxidantes curativos

Há incontáveis antioxidantes disponíveis. Além de comer alimentos ricos em antioxidantes com tanta freqüência quanto possível, tome diariamente um suplemento antioxidante que contenha alguns desses nutrientes ou todos eles.

Antioxidantes para se procurar em suplementos

- vitaminas A, C, E
- bioflavonóides cítricos
- extrato de chá verde
- extrato de semente de uva
- extrato de *Lycium barbarum*
- *poria cocos* cardo mariano (*Cardus marianus*)
- n-acetil cisteína
- extrato de folha de alecrim
- raiz de língua-de-vaca
- quercetina
- curcumina (cúrcuma)
- ginkgo-biloba
- selênio
- coenzima Q_{10}

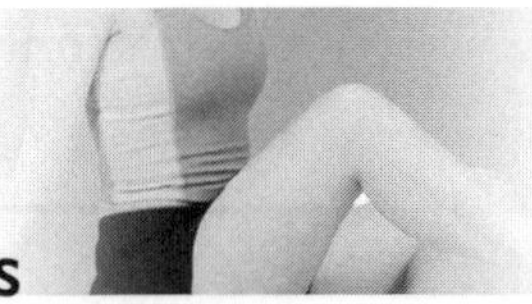

Eliminador de celulite nº 6: antiinflamatórios

O próximo passo para reduzir a celulite é simples. Uma dieta antiinflamatória é cheia de frutas e vegetais ricos em antioxidantes, de cores brilhantes e de muitos ácidos graxos ômega-3 e ômega-9 incorporadores de proteínas saudáveis. Quem poderia pensar que relaxar os tecidos e alisar as coxas poderia ser tão delicioso?

Embora uma dieta antiinflamatória geral seja a maneira ideal de evitar os danos que resultam de uma inflamação, há alguns poucos ingredientes alimentares específicos que são incessantes eliminadores de inflamações.

Ácido alfa-linoléico

O ácido alfa-linoléico (ALA) é encontrado em muitos alimentos comuns, incluindo vegetais, grãos e frutas, numa forma concentrada no óleo de linhaça, bem como na canola, no germe de trigo e em óleos de nozes (incluindo nozes cruas). Ele faz parte da família ômega-3 de ácidos graxos. Então, óleos de peixe também são incluídos como óleos antiinflamatórios ALA.

Fontes de ALA

- alface
- brócolis
- espinafre
- feijão branco, feijão jalo, favas
- ervilhas e ervilhas secas

Ácido gama-linoléico

O ácido gama-linoléico (GLA) é outro alimento superamenizante de inflamações. É um óleo mais raro, encontrado em óleos de sementes, tais como o de borragem, o de prímula, de groselha negra e de cânhamo.

Sempre que possível, substitua alimentos pró-inflamatórios por esses com antiinflamatórios amenizantes.

Alimentos inflamatórios	Alternativas antiinflamatórias
carne vermelha	peixe de água fria
manteiga	azeite de oliva
queijo	tofu
aperitivos cheios de gorduras saturadas ou de gorduras trans	sementes, nozes, frutas frescas e secas (incluindo *Lycium barbarum*)
alimentos repletos de açúcar simples, tais como *cookies*, biscoitos e bolos, balas e doces	frutas frescas e vegetais

PARA PENSAR

Toda célula no seu corpo precisa de sódio para funcionar direito. É essencial para o funcionamento saudável dos nervos e dos músculos, incluindo o músculo do coração. O problema com o sódio é que muitos de nós consumimos bem mais do que precisamos. Já que o corpo requer um certo equilíbrio entre o sódio e a água o tempo todo, sal extra requer água extra, o que resulta na retenção de água. Em vez de usar sal e pimenta, tente temperar suas refeições com ervas antiinflamatórias, tais como manjericão, orégano, alecrim, alho e gengibre.

Além dessas mudanças fáceis de dieta, recomendo tomar um suplemento que contenha esses outros ingredientes antiinflamatórios:

- arnica
- camomila
- AGEs
- extrato de alcaçuz
- vitamina E
- zinco

Eliminador de celulite nº 7: vitaminas B e minerais-traço

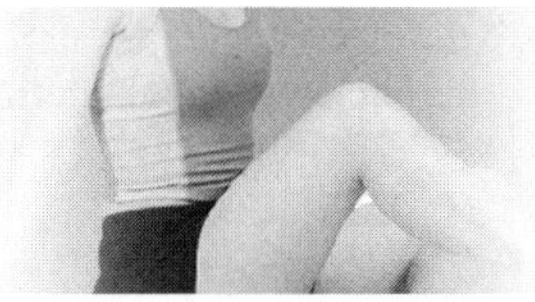

Todos os nutrientes que mencionei até agora são ferramentas inestimáveis para manter a celulite longe. No entanto, eles não servem para nada se seu corpo não for capaz de metabolizá-los numa pele macia e num tecido conjuntivo firme. Os nutrientes necessários para essa tarefa são as vitaminas do complexo B e os minerais-traço.

Vitaminas do grupo B

O grupo B compreende oito vitaminas. A maioria das nossas necessidades de vitaminas B pode ser suprida com fontes alimentares saudáveis, tais como levedo de cerveja (nutricional), germe de trigo, grãos integrais, feijões, vegetais de cor verde-escura, laticínios de baixo teor de gordura e sem gordura, peixe, ovos e aves.

FONTES ALIMENTARES DE VITAMINAS B

vitamina B_1 (tiamina)	levedo de cerveja, sementes de girassol, germe de trigo, ervilhas verdes, grãos integrais, feijões
vitamina B_2 (riboflavina)	laticínios de baixo teor de gordura e sem gordura, vegetais de folhas verde-escuras, levedo de cerveja, aspargos, brócolis, grãos integrais
niacina	aves, peixes, cogumelos, nozes, levedo de cerveja, ervilhas verdes, grãos integrais, feijões
vitamina B_6 (piridoxina)	melancia, bananas, espinafre, soja, levedo de cerveja, peixes, aves, germe de trigo, grãos integrais
folato (ácido fólico)	levedo de cerveja, vegetais de folhas verde-escuras, aspargos, suco de laranja, beterraba, brócolis, feijões
vitamina B_{12}	peixes, aves, laticínios de baixo teor de gordura e sem gordura, leite de soja fortificado, ovos, levedo de cerveja

biotina (B_8)	ovos, a maioria dos vegetais, levedo de cerveja, germe de trigo, farinha de aveia, cereais, amêndoas, soja, bananas, toranja, tomates
ácido pantotênico	todos os alimentos vegetais e animais, em especial salmão, galinha, abacate, cogumelos, batatas-doces, leite de baixo teor de gordura e sem gordura, ovos, soja, manteiga de amendoim, bananas, laranjas, grãos integrais

Embora nós consigamos a maioria dessas vitaminas em nosso consumo diário de alimentos, é aconselhável tomar um suplemento com um complexo B para garantir um metabolismo ideal.

Minerais-traço

Os minerais-traço são assim chamados porque nós precisamos apenas de quantidades ínfimas deles para sentir seus benefícios. Pelo fato de ser necessária uma quantidade tão pequena, é fácil receber uma dose diária ideal desses nutrientes a partir de nossas dietas. No entanto, como uma deficiência de mineirais-traço pode resultar em todo tipo de problemas, incluindo doenças do coração, um sistema esquelético enfraquecido e deficiências de proteína, é importante tomar suplementos de minerais-traço diariamente.

Minerais-traço

- zinco
- cobre
- selênio
- magnésio
- boro
- cromo
- manganês
- molibdênio
- silício
- vanádio

TESTEMUNHO DE PACIENTE

Laura

Idade: 44

Ocupação: secretária executiva

Áreas de preocupação: coxas e nádegas

Testemunho pessoal:

"Com a idade de 44 anos, eu sabia que meu corpo precisava de uma atenção a mais. Embora eu me exercitasse, comesse direito e estivesse em boa forma, queria tentar algo para a celulite teimosa na parte de trás das coxas e das nádegas. Já que vivo próximo à praia, queria me sentir bem de novo num traje de banho. Eu também tinha entrado num novo relacionamento, o que me deixava mais constrangida em relação a essas áreas. Eu fazia levantamentos de perna todos os dias e andava de bicicleta para me livrar delas, mas não adiantava. Então, quando comecei esse programa, prometi a mim mesma tentar tudo que era recomendado. Apliquei o gel, tomei as vitaminas, comi as comidas sugeridas e fiz uma série de tratamentos de *spa* de firmamento e tonificação. Depois de apenas dois meses, vi uma grande melhora. Coloquei um biquíni e devo dizer que adorei os resultados! Valeu totalmente e vou me manter no programa para sempre. Obrigada!"

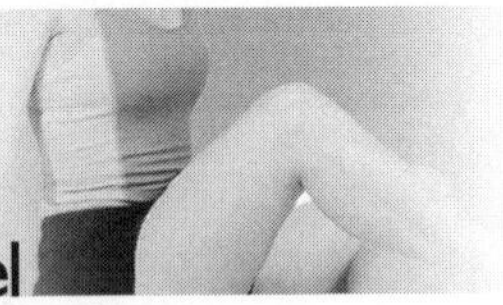

Alimentação saudável para um corpo saudável

Além de ingerir alimentos que contenham nutrientes específicos para eliminar diretamente a celulite, é necessário criar um ambiente de saúde inclusivo em seu corpo. Seu organismo irá achar mais fácil alisar as imperfeições em sua pele se também estiver funcionando bem internamente.

Programa Clínico

- administração diária de suplementos para tratar a celulite como sugerido neste livro.
- aplicação tópica de soro para celulite.
- reduzir carne vermelha, comer mais soja, beber suco de romã, comer *Lycium barbarum*
- escovação seca da pele.
- tratamentos para deixar o corpo mais firme em *spas* profissionais.

Resultados Clínicos

Visita inicial: celulite de estágio 3

Visita final: celulite de estágio 1

Observações Clínicas Adicionais

Medidas de água:

Visita 1: Intracelular 15,4 Extracelular 12,8

Visita 2: Intracelular 16,3 Extracelular 13,4

Final: Intracelular 16,1 Extracelular 12,1

% de Gordura do Corpo

Visita 1: 26,0%

Visita final: 20,3% (uma diminuição de 21,9%)

TMB (Taxa Metabólica Basal, número de calorias usadas em repouso por dia)

Visita 1: 1.223

Visita final: 1.303 (um aumento de 80 calorias queimadas em repouso)

Ter um estado mental saudável é outro passo vital para reparar qualquer aflição em seu corpo. É por isso que tornei a dieta para celulite fácil. Com o tempo, qualquer dieta desnecessariamente rígida, que cause um estresse indevido, acaba fazendo mais mal do que bem, e é improvável que você vá segui-la.

Cinco dicas para uma alimentação saudável

1. Coma quando estiver com fome, não quando achar que deve comer.
2. Pare de comer quando estiver satisfeita, não quando o prato estiver vazio.
3. Ouça seu corpo. Com freqüência temos desejos por comidas ricas em nutrientes de que há deficiência em nosso corpo.
4. Sempre que possível, faça substituições por alternativas saudáveis e comidas eliminadoras da celulite.
5. Tome suplementos todos os dias.

Smoothie[1] é um excelente amplificador de energia e uma ótima opção para o café-da-manhã ou para o lanche da tarde. Para obter o melhor sabor e uma consistência homogênea, beba-o tão logo o fizer. Experimente com frutas, sucos e temperos diferentes. Frutas secas oferecem outra boa opção quando suas frutas frescas favoritas não estiverem disponíveis no mercado.

Plano Murad de sete dias: exemplos de refeições para a solução da celulite[2]

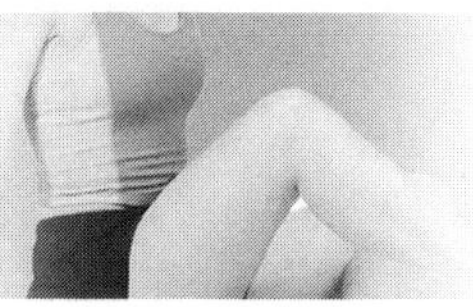

A seguir está um plano de refeições de uma semana como amostra. Tente incorporar um pouco dessas idéias por vez. Não há necessidade de seguir rigidamente este plano. Apenas use-o para ter idéias. No entanto, quanto mais você seguir estas instruções de dieta, mais bem-sucedida será.

1. *Smoothie* é uma bebida grossa e homogênea que consiste em fruta fresca macerada com sorvete, leite ou iogurte.

2. No plano de refeições que se segue, o asterisco indica que a receita se encontra

Dia 1

Café-da-manhã

Smoothie Murad para solução da celulite*

½ toranja grande

2 fatias de torrada integral com geléia de fruta sem açúcar

Café descafeinado, ou chá de ervas, ou chá verde sem cafeína

Lanche da manhã

1 xícara de uvas vermelhas, roxas ou pretas

1 ovo cozido ou 1 xícara de leite de soja

Almoço

Salada temperada com Molho oriental sem gordura, ou Vinagrete*, ou Molho cítrico dourado, ou Linhaça-*Lycium barbarum**

1 xícara de Sopa de galinha e vegetais* ou de Sopa vegetariana de ervilhas secas com cevada*

2–4 bolachas de centeio integral

Chá gelado de ervas ou chá verde sem cafeína, ou água mineral com lima

Lanche da tarde

1 xícara de verduras cruas com um molho opcional sem gordura

6 amêndoas cruas

Jantar

Salada de verduras com azeite de oliva extravirgem e *Molho de suco de limão**

Vegetais cozidos no vapor com Molho marinara com baixo teor de gordura*

Batata assada média com 1 xícara de óleo de linhaça e tempero de ervas

Água mineral com lima, ou chá de ervas, ou chá verde sem cafeína

Sobremesa

½ xícara de iogurte sem gordura e açúcar ou iogurte de soja coberto com ½ xícara de fatias de morango fresco ou congelado não adoçado

Dia 2

Café-da-manhã

Smoothie Murad para solução da celulite*

½ xícara de flocos de aveia tradicional com canela e leite sem gordura ou leite de soja

1/3 de um melão médio ou 1 xícara de melão em cubos

Café descafeinado, ou chá de ervas, ou chá verde sem cafeína

Lanche da manhã

1 laranja média

4 nozes cruas

Almoço

Salada de verduras com molho sem gordura

1 xícara de sopa de lentilha

Pão de trigo integral

Maçã

Chá de ervas, ou chá verde gelado sem cafeína, ou água mineral com limão

Lanche da tarde

1 xícara de vegetais crus com molho opcional sem gordura

1 xícara de leite sem gordura, ou leite de soja, ou ½ xícara de queijo cottage sem gordura ou com baixo teor de gordura

Jantar

Salada de verduras com molho sem gordura

Refogado de vegetais com galinha sem pele ou tofu*

1/3 xícara de arroz integral cozido

Água mineral com lima ou chá de ervas descafeinado ou chá verde

Sobremesa

½ xícara de arando fresco ou congelado não adoçado

Dia 3

Café-da-manhã

1 ovo frito ou ½ xícara de Tofu cozido no vapor*

2 fatias de torrada integral de grãos múltiplos com geléia de fruta sem açúcar

½ xícara de morangos frescos ou congelados não adoçados

Café descafeinado, ou chá de ervas, ou verde sem cafeína

Lanche da manhã

1 maçã média

4 macadâmias

Almoço

Bandeja de frutas frescas (uma variedade ampla de frutas coloridas) com ½ xícara de queijo cottage sem gordura ou com baixo teor de gordura, ou ½ xícara de iogurte natural sem gordura, sem açúcar, ou iogurte de soja

Chá de ervas, ou chá verde sem cafeína gelado, ou água mineral com lima

Lanche da tarde

Smoothie Murad para solução da celulite*

Tiras de cenoura ou de aipo

Jantar

Salada de verduras com molho de azeite de oliva (extravirgem) e vinho tinto*

115 g de tilápia ou tofu grelhado com Molho de tomate*

1/3 xícara de pilaf com arroz integral

Aspargo cozido no vapor com suco de limão

Água mineral com lima, ou chá de ervas, ou chá verde sem cafeína

Sobremesa

1 xícara de fruta fresca com hortelã

Dia 4

Café-da-manhã

½ xícara de cereal de grãos múltiplos quente com ½ banana média em fatias e 1 colher de sopa de *Lycium barbarum* seca ou uvas passas e leite sem gordura ou leite de soja

1 laranja média

Café descafeinado, ou chá de ervas, ou chá verde sem cafeína

Lanche da manhã

1 pêra pequena

4 nozes

Almoço

1 xícara de sopa de vegetais

115 g de atum em lata enlatado com água ou 1 xícara de grão de bico com tomate e fatias de cebola

Tiras de cenoura

2-5 bolachas integrais de baixo teor de gordura

1 nectarina

1 xícara de suco de tomate ou vegetais

Lanche da tarde

Smoothie Murad para solução da celulite*

Jantar

Salada de verduras salpicada com 1 colher de *Lycium barbarum* seca ou amoras secas com molho sem gordura

Empada de peito de galinha, ou peru assado sem a pele, ou soja vegetariana de "galinha" de soja

1 xícara de vegetais mistos cozidos no vapor com tempero de limão e ervas

1 fatia de pão de trigo integral ligeiramente coberta com óleo de linhaça e salpicada com sal de alho

Água mineral com lima, ou chá de ervas, ou chá verde sem cafeína

Sobremesa

Smoothie de fruta fresca (bata suas frutas frescas favoritas com 1 xícara de leite de soja e gelo triturado)

Dia 5

Café-da-manhã

1 *muffin* coberto com 2 colheres de sopa de manteiga de noz ou amendoim natural e ½ banana média em fatias

½ xícara de arando fresco ou congelado não adoçado

Café descafeinado, ou chá de ervas, ou chá verde sem cafeína

Lanche da manhã

Smoothie Murad para solução da celulite*

½ xícara de vegetais crus

Almoço

Salada de verduras com azeite de oliva extravirgem e suco de limão

1 xícara de Sopa vegetariana de ervilhas secas com cevada*

2-5 bolachas integrais de baixo teor de gordura

1 laranja média

Chá de ervas ou verde sem cafeína gelado ou água mineral com lima

Lanche da tarde

1 xícara de suco de vegetais

Tiras de cenoura e de aipo

Jantar

1 tomate médio, fatiado, com molho de vinho tinto sem gordura

Burrito de frango e feijão preto* ou Burrito vegetariano de feijão preto e vegetais* preparados com tortilha e Molho de tomate*

Brócolis cozido no vapor com limão

Água mineral com gás com lima ou chá verde sem cafeína

Sobremesa

1 fatia de melancia ou 1 xícara de melancia cortada em cubos

Dia 6

Café-da-manhã

½ toranja média

½ xícara de granola de baixo teor de gordura com leite sem gordura ou leite de soja

Café descafeinado, ou chá de ervas, ou chá verde sem cafeína

Lanche da manhã

4 nozes

2 colheres de sopa de *Lycium barbarum* seca ou uvas-passas

Almoço

Smoothie Murad para solução da celulite*

Salada de verduras grande coberta com ½ xícara de tofu em cubos com molho de ervas sem gordura

2-5 bolachas integrais de baixo teor de gordura

Lanche da tarde

1 xícara de suco de tomate ou de vegetais

2 bolachas de centeio integral do tipo escandinavo

Jantar

1 xícara de sopa minestrone

115 g de salmão grelhado ou 1 xícara de Chili vegetariano*

1/3 de xícara de arroz integral cozido

Feijão verde fresco cozido no vapor

Água mineral com lima, ou chá de ervas, ou chá verde sem cafeína

Sobremesa

½ xícara de fruta fresca mista coberta com ¼ de xícara de iogurte natural, ou de fruta sem gordura e sem açúcar, ou iogurte de soja e 1 colher de sopa de *Lycium barbarum* seca, uva-passa ou amoras secas

Dia 7

Café-da-manhã

Smoothie Murad para solução da celulite*

Waffle integral coberto com ½ xícara de molho de maçã não adoçado, uma pitada de canela e 1 colher de chá de nozes picadas

Café descafeinado ou chá de ervas sem cafeína

Lanche da manhã

1 xícara de suco de vegetais

Tiras de cenoura e de aipo

Almoço

Sopa de vegetais

Sanduíche vegetariano no pão sírio integral* com galinha, salmão ou Homus*

1 laranja média

Chá de ervas, ou chá verde sem cafeína gelado, ou água mineral com limão

Lanche da tarde

1 maçã média

2 xícaras de pipoca estourada no ar quente

Jantar

Salada de verduras com Molho de azeite de oliva e suco de limão*

1 xícara de macarrão de trigo integral cozido coberto com 1 xícara de vegetais mistos cozidos no vapor (florzinhas de brócolis e couve-flor, fatias de cenoura e abobrinha) e 60 g de carne branca de galinha, sem pele, cozida (cortada em cubos) ou ½ xícara de tofu em cubos assados, tudo coberto com ½ xícara de molho marinara de baixo teor de gordura

Chá de ervas ou chá verde sem cafeína, gelado

Sobremesa

Smoothie de proteína tropical (1 xícara de suco de abacaxi, ½ banana, 1 concha de pó de proteína de soja isolada, gelo triturado)

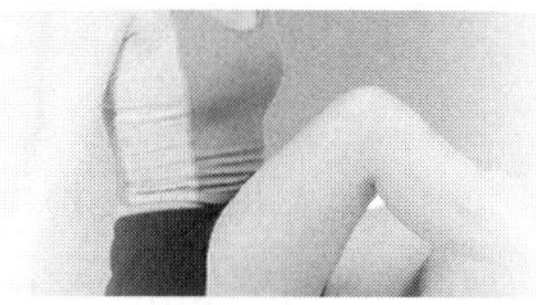

Smoothie Murad para solução da celulite

½ xícara de suco de romã (não adoçado)
½ xícara de leite de soja
½ xícara de arando (fresco ou congelado não adoçado)
1 colher de sopa de grânulos de lecitina
1 colher de sopa de linhaça moída
2 colheres de sopa de *Lycium barbarum* seca (se disponíveis)
3 ou 4 cubos de gelo ou gelo triturado (opcional)
Extrato de Stevia (opcional)

Coloque todos os ingredientes num liquidificador e bata.

Molho oriental sem gordura

¼ de xícara de shoyu ou Bragg Liquid Aminos
¼ de xícara de vinagre de arroz
¼ de xícara de água
¼ de colher de chá de gengibre fresco moído
¼ de colher de chá de alho moído
1 colher de chá de extrato em pó de Stevia

Combine todos os ingredientes num liquidificador e bata até obter uma mistura homogênea. *Rende ¾ de xícara.*

Molho vinagrete sem gordura

3 colheres de sopa de iogurte natural sem gordura ou iogurte de soja
3 colheres de sopa de salsinha fresca picada
2 colheres de sopa de suco de limão

2 colheres de sopa de suco de lima
2 colheres de sopa de vinagre de framboesa
2 colheres de sopa de água
1 colher de sopa de extrato em pó de Stevia
1 colher de chá de pimenta-malagueta em pó
½ colher de chá de cebola em pó
½ colher de chá de cominho moído

Combine todos os ingredientes num liquidificador e bata até obter uma mistura homogênea. *Rende ¾ de xícara.*

Molho cítrico dourado flax-Lycium barbarum

Este molho saboroso é ótimo para saladas e vegetais crus. Também é delicioso como cobertura para vegetais cozidos levemente no vapor. Ele fornece ácidos graxos ômega-3, antioxidantes e vitaminas B.

½ xícara de óleo de linhaça
½ xícara de água
¼ de xícara de suco de laranja fresca
¼ de xícara de *Lycium barbarum* seca (ou amoras secas)
3 colheres de sopa de levedura nutricional em flocos
2 colheres de sopa de Bragg Liquid Aminos ou molho tamari
1 colher de sopa de vinagre de maçã

Coloque todos os ingredientes num liquidificador e bata até obter uma mistura homogênea. Guarde o molho num pote bem fechado no congelador por até duas semanas. Rende 2 xícaras.

Sopa de frango e vegetais

2 xícaras de caldo de carne
1 xícara de milho fresco ou congelado
1 talo de aipo cortado em cubos
1 cenoura pequena cortada em cubos
1 cebola pequena cortada em cubos
1 xícara de peito de frango sem pele e sem osso cozido cortado em cubos ou em pedaços
½ xícara de tomate, cortado em cubos

2 colheres de sopa de salsa fresca, fatiada fininho
sal e pimenta a gosto

1. Numa caçarola, coloque o caldo de vegetais, o milho, o aipo, a cenoura e a cebola. Deixe ferver.
2. Reduza o fogo, cubra e cozinhe em fogo baixo por 25-30 minutos ou até os vegetais ficarem macios.
3. Enquanto mexe o frango, acrescente o tomate, a salsa, o sal e a pimenta. Aqueça por inteiro. Rende 6 porções.

Sopa vegetariana de ervilhas secas com cevada

1 xícara de ervilhas secas lavadas e secas
2 cenouras cortadas em cubos
2 talos de aipo cortados em cubos
1 cebola média moída ou fatiada bem fina
6 xícaras de água ou caldo de vegetais
¼ de xícara de cevada lavada e seca
1 folha de louro
¾ de colher de chá de sal marinho
1/8 de colher de chá de pimenta branca
1/8 de colher de chá de salsa seca
1/8 de colher de tomilho seco
1 dente de alho moído
½ colher de sopa de suco de limão
1 colher de sopa de azeite de oliva extravirgem
cebolinha picada para enfeitar

1. Numa panela de sopa grande, coloque a ervilha, o aipo, a cebola e água ou caldo. Deixe ferver. Mexendo sempre, acrescente a cevada, a folha de louro, o sal, a pimenta, a salsa, o tomilho, o alho, o suco de limão e o azeite de oliva. Cozinhe em fogo baixo, parcialmente coberto, por uma hora e meia a duas horas. Mexa de vez em quando, conforme necessário. Acrescente mais sal e pimenta a gosto, se necessário.
2. Quando a sopa tiver se tornado grossa, desligue o fogo. Cubra e deixe assentar por 15 minutos. Elimine a folha de louro. Mexa. Enfeite com a cebolinha picada. Rende 6 porções.

Molho de azeite de oliva e suco de limão

3 colheres de sopa de azeite de oliva extravirgem
1 colher de sopa de suco de limão fresco
½ dente de alho pequeno bem moído
1 colher de chá de sal marinho

Numa tigela pequena, misture todos os ingredientes vigorosamente, usando um batedor de claras de neve. Rende cerca de ¼ de xícara, o suficiente para 4 saladas.

Molho marinara de baixo teor de gordura feito com vegetais cozidos no vapor

2 xícaras de florzinhas de brócolis
2 xícaras de florzinhas de couve-flor
2 cenouras médias cortadas na diagonal
1 xícara de vagens cortadas na diagonal
2 abobrinhas médias cortadas em esferas de 0,5 centímetro
2 pimentões médios verdes, vermelhos ou amarelos (ou uma combinação) cortados em faixas de 2,5 centímetros
1 ½ xícara de molho marinara de baixo teor de gordura, aquecido

1. Sobre uma panela com água fervendo, cozinhe ligeiramente os vegetais no vapor usando o recipiente adequado para esse fim até que fiquem cozidos, mas ainda crocantes.
2. Arrume os vegetais numa travessa. Cubra com molho marinara de baixo teor de gordura. *Rende 4 porções.*

Stir-fry asiático de vegetais com frango ou tofu

Stir-Fry de Vegetais
½ colher de sopa de shoyu ou Bragg Liquid Aminos
¼ de xícara de caldo de vegetais ou água
2 colheres de chá de óleo de canola
2 colheres de chá de alho moído
1 colher de chá de gengibre fresco moído

1 cenoura grande fatiada na diagonal em fatias bem finas
1 xícara de aipo fatiado na diagonal em pedaços pequenos
1 xícara de ervilha-torta sem os caules e as fibras
2 pimentões vermelhos médios cortados em faixas de 2,5 cm
1 xícara de cogumelos shitake fatiados
½ xícara de cebolinha fatiada na diagonal (incluindo a parte verde)

1. Combine o shoyu ou Bragg Liquid Aminos, o caldo de vegetais ou a água e o óleo de canola.
2. Aqueça uma wok ou frigideira antiaderente no fogo alto e adicione a mistura de shoyu. Acrescente o alho, o gengibre, a cenoura, o aipo, a ervilha, o pimentão, o cogumelo e a cebolinha. Mexa constantemente enquanto cozinha no fogo alto por cerca de 2 minutos. Acrescente pequenas quantidades de água se necessário. Os vegetais devem estar macios e crocantes. Cozinhe até a temperatura e a textura desejadas. Sirva com arroz integral. *Rende 4 porções.*

Preparado com Frango
2 colheres de chá de tamari ou Bragg Liquid Aminos
2 colheres de chá de vinagre de arroz
½ colher de chá de gengibre fresco picado
½ colher de chá de alho picado
2 colheres de sopa de caldo de vegetais
4 metades de peitos de galinha sem osso e sem pele cozidos, sem a gordura e cortados em faixas de 1,3 cm

1. Numa tigela, combine o tamari ou Bragg Liquid Aminos, o vinagre, o gengibre, o alho e o caldo de vegetais.
2. Acrescente os pedaços de frango e coloque-os junto. Cubra a tigela e refrigere por cerca de ½ hora.
3. Acrescente a mistura de frango à wok e frite, mexendo sem parar.

Preparado com Tofu
¼ de xícara de tamari ou Bragg Liquid Aminos
½ colher de chá de gengibre fresco moído
½ colher de chá de alho moído
1 pacote (400 g) de tofu firme, bem drenado e cortado em cubos de 1,3 cm

1. Preaqueça o forno em 170ºC. Numa tigela, misture o tamari ou Bragg Liquid Aminos, o gengibre e o alho.
2. Acrescente o tofu e mexa suavemente para recobrir cada cubo.
3. Espalhe o tofu numa fôrma untada e asse por alguns minutos, até o tofu ficar quente e dourado por fora. Você pode precisar mexer os cubos com uma espátula para aquecê-los por igual enquanto assam.
4. Acrescente o tofu à wok e frite, mexendo sem parar.

Tofu cozido no vapor

½ xícara de tofu firme, cortado em cubos de 1,3 centímetro
4 colheres de sopa de molho tamari ou Bragg Liquid Aminos
¼ de colher de chá de gengibre moído

1. Numa panela de cozimento a vapor, cozinhe ligeiramente o tofu em cubos por 5 minutos.
2. Tempere com uma mistura de molho tamari e gengibre moído, ou use qualquer molho saboroso sem gordura.

Molho de azeite de oliva e vinagre de vinho tinto

4 colheres de sopa de azeite de oliva extravirgem
½ xícara de vinagre de vinho tinto
3 dentes de alho frescos moídos
1/8 de colher de chá de orégano seco
1/8 de colher de chá de tomilho seco

Coloque todos os ingredientes num recipiente de vidro com tampa. Tampe e chacoalhe vigorosamente. *Rende ¾ de xícara.*

Molho de tomate

2 xícaras de tomate picado
1/3 de xícara de cebola picada
1 lata de 115 g de pimenta-malagueta verde picada
¼ de xícara de salsinha fresca picada bem fina

2 colheres de sopa de suco de lima fresco
¼ de colher de chá de sal marinho
Molho Tabasco para dar gosto

Coloque todos os ingredientes numa tigela grande e misture bem.

Burrito de frango e feijão preto

115 g de pedaços de frango cozido
½ xícara de feijão preto cozido
¼ de xícara de milho, flores de brócolis e fatias de 1,3 cm de cenouras ou outros vegetais de sua preferência, frescos ou congelados, cozidos no vapor
1 tortilla de trigo integral com baixo teor de gordura
½ xícara de Salsa de Tomate (receita na página 117)

1. Combine o frango, o feijão e os vegetais.
2. Coloque a mistura na tortilla.
3. Enrole a tortilla para formar um burrito.
4. Cubra com Salsa de Tomate. *Rende 1 porção.*

Burrito vegetariano de feijão preto e vegetais

1 xícara de feijão preto cozido
¼ de xícara de milho, flores de brócolis e fatias de 1,3 cm de cenouras ou outros vegetais de sua preferência, frescos ou congelados, cozidos no vapor
1 tortilla de trigo integral de baixo teor de gordura
½ xícara de Molha de Tomate (receita acima)

1. Combine o feijão e os vegetais.
2. Coloque a mistura na tortilla.
3. Enrole a tortilla para formar um burrito.
4. Cubra com Salsa de Tomate. *Rende 1 porção.*

Chili vegetariano

455 g de tofu esfarelado
1 colher de molho shoyu ou Bragg Liquid Aminos
1 cebola média picada
½ pimentão verde picado
2 dentes de alho moídos
2 colheres de sopa de óleo de canola
2 xícaras de feijão jalo
450 g de molho de tomate
1 xícara de caldo de vegetais
1 colher de sopa de pimenta-malagueta em pó

1. Mexa junto o tofu e o shoyu numa tigela grande.
2. Numa panela grande, salteie a cebola, o pimentão verde e o alho. Acrescente o tofu e continue cozinhando até o tofu ficar dourado.
3. Acrescente o feijão, o molho de tomate, o caldo de vegetais e a pimenta-malagueta em pó. Misture bem. Deixe ferver. *Rende 8 porções de 1 xícara.*

Sanduíche vegetariano no pão sírio integral

Você pode acrescentar 85 g de peito de galinha em cubos cozido ou salmão em cubos cozido para o sanduíche.
tomates cortados em cubos de 1,3 cm

cebola vermelha cortada em cubos de 1,3 cm
azeitonas pretas picadas
pão sírio integral cortado na metade para formar dois bolsos
2 folhas de alface
¼ de xícara de homus (receita na página 116)

1. Misture o tomate, a cebola e a azeitona.
2. Coloque uma folha de alface em cada bolso do pão. Encha-os com vegetais e homus. *Rende 1 porção.*

Homus

2 xícaras de grão-de-bico cozidos ou em lata
1/3 de xícara de suco de limão fresco
¼ de xícara de tahine
2 dentes de alho
2 colheres de chá de azeite de oliva extravirgem
1 colher de chá de sal
½ colher de chá de cebola em pó
¼ de xícara de água
salsa fresca picada (para enfeitar)

Coloque todos os ingredientes num liquidificador e bata até obter uma mistura homogênea. Acrescente mais água, se necessário. Enfeite com a salsa picada. *Rende 4 porções de ½ xícara.*

Pirâmide de alimentos Murad

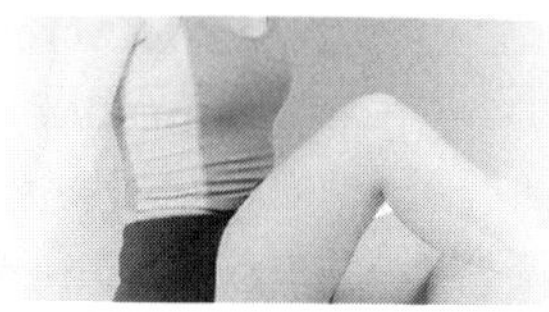

No começo dos anos 1990, o Departamento de Agricultura dos EUA revisou os consagrados quatro grupos de alimentos básicos tradicionais (carne; laticínios; grãos; frutas e vegetais), criando uma pirâmide-guia de alimentos mais equilibrada e saudável.

Eu atualizei essa pirâmide, direcionando-a para a eliminação da celulite e a manutenção da juventude. Minha pirâmide lhe proporciona uma idéia geral de que comidas você deve comer, bem como as quantidades relativas para ter coxas lisas e sem furinhos, melhor hidratação, tecidos firmes e jovens por todo o corpo e uma boa saúde e bem-estar geral. Ela é baseada no meu princípio da água.

Ao contrário da pirâmide-guia de alimentos tradicional, minha pirâmide não contém carne vermelha nem outros produtos de carne com gordura altamente saturada no grupo das proteínas, assim como não lista laticínios de gordura integral no grupo das proteínas, nem grãos refinados e carboidratos no grupo dos grãos, nem açúcares, nem gorduras, nem óleos não saudáveis. Não estou dizendo que você nunca pode comer um hambúrguer, um pedaço de Camembert ou de chocolate. Mas, tanto quanto possível, substitua essas comidas por alternativas mais saudáveis que combatam a celulite. Quanto mais você seguir esta pirâmide, mais bem-sucedida será.

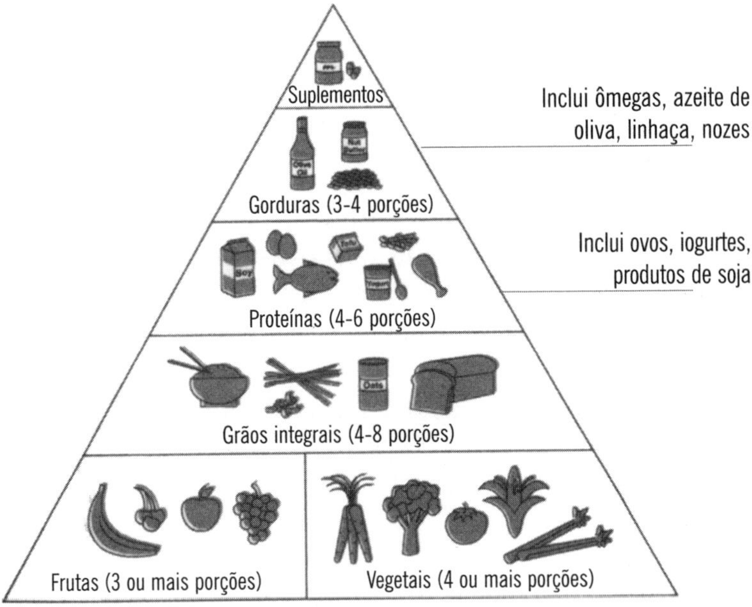

Pirâmide de Alimentos Murad para a Redução da Celulite

Frutas e vegetais

A base da pirâmide – e a base de sua dieta – são as frutas e os vegetais. Você deve comer mais desses alimentos do que quaisquer outros: 3 ou mais porções por dia de frutas e 4 ou mais porções de vegetais. Eles são ricos em antioxidantes curativos para as necessidades do seu corpo. Também contêm muitos dos minerais-traço e vitaminas B que seu corpo usa para metabolizar carboidratos, gorduras e proteínas e para sintetizar DNA e novas células. Sempre que possível, coma frutas e vegetais crus. Se for cozinhar vegetais, faça isso no vapor, para que eles retenham os nutrientes, ou então os ferva ligeiramente. Não os prepare no microondas – isso remove mais de 90% dos nutrientes. Frutas e vegetais também são provavelmente a melhor fonte de água para seu corpo.

Grãos integrais

O próximo passo contém arroz, massa, pão e cereais. Essas comidas são fontes importantes de vitaminas e minerais que permitem a seu corpo fazer uso de outros nutrientes em sua dieta, tais como carboidratos, gordura e proteína. Você deve comer 4-8 porções de grãos integrais por dia. Escolha o arroz integral em vez do arroz branco, bem como o macarrão de trigo integral e o pão de trigo integral em vez de outras variedades.

Proteínas

Comidas ricas em proteínas – incluindo peixes ricos em ômega-3, frango, ovos, comidas de soja, laticínios sem gordura ou com baixo teor de gordura e feijões – fornecem a maioria dos nossos aminoácidos. Elas dão a seu corpo todas as matérias-primas de que ele precisa para construir o colágeno e a elastina, as duas substâncias necessárias para manter sua derme e seus vasos sangüíneos firmes, fortes e lisos. Coma 4-6 porções por dia.

Gorduras

Todo mundo precisa de gordura na dieta, só não o tanto que a maioria das pessoas come nem os tipos de gordura que a maioria das pessoas ingere. Limite-se a 3-4 porções por dia. Gorduras "saudáveis" são não-saturadas, tais como os ácidos graxos ômega-3, 6 e 9, o óleo de linhaça, o azeite de oliva extravirgem, o óleo de canola, manteigas de nozes naturais e nozes. Essas gorduras "boas" irão manter seu corpo hidratado, flexível, jovem e saudável.

Suplementos

No topo da pirâmide estão os suplementos. Elas são as formas puras dos nutrientes de que seu corpo precisa para que você tenha uma pele lisa. Com freqüência, nossas dietas não fornecem antioxidantes, antiinflamatórios, glicosamina, lecitina, ácidos graxos essenciais, vitaminas B e minerais-traço suficientes. Tomar, todos os dias, suplementos que contenham esses destruidores de celulite é o passo mais importante para eliminar as imperfeições em sua pele.

Quanto é uma porção?

O guia de medidas de porções a seguir o ajudará a planejar seu menu e suas refeições.

Grupo de Alimentos	1 porção
Vegetais (4 ou mais porções diárias)	½ xícara de vegetais crus picados ½ xícara de vegetais cozidos ½ xícara de suco de vegetais ½ xícara de vegetais crus (brócolis, couve-flor etc.) 1 xícara de vegetais folhosos crus (verduras, espinafre, repolho etc.) 1 pepino médio 1 pimentão médio 1 tomate médio ½ batata assada média
Frutas (3 ou mais porções diárias)	1 fruta pequena a média (maçã, laranja, banana) 1 xícara de bagas ½ xícara de fruta fresca (por exemplo, melão em cubos, uvas) ½ xícara de suco de fruta sem açúcar ¼ de xícara de fruta seca 2 colheres de sopa de uva-passa ou *Lycium barbarum* seca
Grãos Integrais (4-8 porções diárias)	1 fatia de pão de grão integral 1 pãozinho integral 1 tortilla de milho 1 tortilla de trigo integral de 15 centímetros ½ *muffin* inglês de grão integral ½ rosca de pão integral ½ pão sírio de grão integral de 15 centímetros 2-5 bolachas de trigo integral de baixo teor de gordura 2 bolachas de centeio integral de tipo escandinavo ½ xícara de cereal cozido ou seco ½ xícara de macarrão de grão integral cozido ½ xícara de trigo bulgur cozido 1/3 de xícara de arroz cozido 1 biscoito ou ½ xícara de farelo de trigo 3 xícaras de pipoca estourada com ar quente 3 colheres de sopa de germe de trigo

Grupo de Alimentos	1 porção
Proteínas	½ xícara de feijões, ervilha e lentilha cozidos
(4-6 porções diárias)	½ xícara de tofu
	1 xícara de leite sem gordura ou de leite de soja fortificado com cálcio
	85 g de peixe
	85 g de ave (sem pele, carne branca)
	85 g (ou uma porção, conforme indicado no pacote) de hambúrguer de soja ou de carne de soja vegetariana substituta
	1 ovo médio
	½ xícara de queijo cottage de baixo teor de gordura ou 1% de gordura
	30 g de queijo ou de queijo de soja de baixo teor de gordura
Gorduras	1 colher de chá de óleo (azeite de oliva extravirgem, óleo de canola)
(3-4 porções diárias)	1 colher de chá de óleo de linhaça (não para ser usado no cozimento; utilize em saladas e em batatas assadas, salpicado nos alimentos)
	1 colher de sopa de linhaça moída (use em receitas e salpicada em alimentos)
	Nozes:
	6 amêndoas, cajus, nozes mistas
	10 amendoins
	4 metades de nozes ou de nozes-pecãs
	4 macadâmias
	1½ colher de chá de manteiga natural (manteiga de amendoim, manteiga de amêndoa, manteiga de caju)
	1 colher de sopa de semente de gergelim, girassol ou abóbora

Suplementos que se devem tomar diariamente

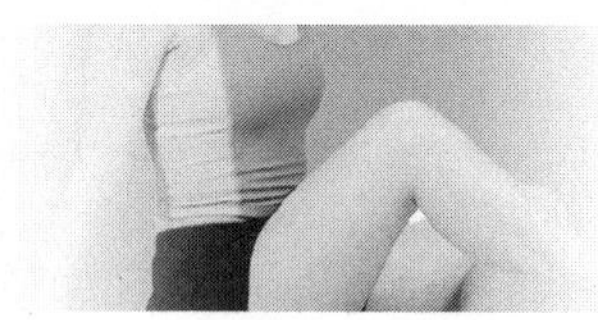

- suplementos multivitamínicos e minerais. Selecione uma fórmula abrangente e equilibrada que contenha todas as principais vitaminas, minerais e minerais-traço. Selecione uma fórmula sem ferro se você estiver na fase pós-menopausa.

- fórmula de suplemento antioxidante.
- suplementos do complexo B de alta potência que forneçam todas as oito vitaminas B essenciais: tiamina (B_1), riboflavina (B_2), niacina (B_3), ácido pantotênico (B_5), piridoxina (B_6), ácido fólico (B_8), cianocobalamina (B_{12}), biotina (B_8).
- suplementos de ácidos graxos essenciais que forneçam ácidos graxos ômega-3. Pode ser na forma de óleo de peixe, óleo de linhaça ou linhaça moída acrescentada à comida, ou em forma de cápsula. Vegetarianos ou aqueles que não comem peixe nem tomam suplementos de óleo de peixe devem acrescentar um suplemento de DHA derivado de microalgas.
- suplementos de lecitina. Use grânulos de lecitina de soja salpicados na comida ou acrescentados a ela ou lecitina de soja líquida em forma de cápsula.
- glicosamina.
- suplementos de cálcio para a saúde dos ossos. A maioria das mulheres deve tomar de 1.000 a 1.500 mg de cálcio com vitamina D diariamente, dependendo de sua ingestão dietética de cálcio.

Você pode encontrar todas essas fórmulas separadamente. No entanto, algumas fórmulas de suplemento como o Murad Firm and Tone Dietary Supplement contêm praticamente todos os nutrientes de que você precisa numa maneira fácil de tomar.

Programa de combate à celulite: oito semanas para uma pele mais lisa

Agora você está pronta para embarcar no meu plano definitivo para uma parte inferior mais lisa. Se você está acima do peso, eliminar o excesso de gordura com certeza ajudará no seu objetivo de reduzir a celulite, mas não é uma exigência deste programa. Este plano reduz a celulite por meio do cuidado da pele, da tranqüilidade emocional e dos nutrientes certos. Conseguindo essas três coisas, com certeza você terá uma aparência mais atraente e se sentirá melhor.

Sempre, no consultório, faço às minhas pacientes uma série de perguntas simples a fim de determinar que influência a celulite e as estrias têm em sua vida e até que ponto se dedicam a melhorar o corpo. Infelizmente, não posso ver você e todas as outras leitoras pessoalmente e avaliar de maneira direta cada problema individual, mas responder ao questionário e articular o grau em que a celulite a afeta vai fornecer a você uma compreensão honesta de quanto a pele "casca de laranja" realmente impacta sua vida e a força do seu desejo de tratar essa condição. Quando estiver respondendo o questionário, seja honesta. Quanto mais você escuta seu corpo, mais tem condições de ajudá-lo.

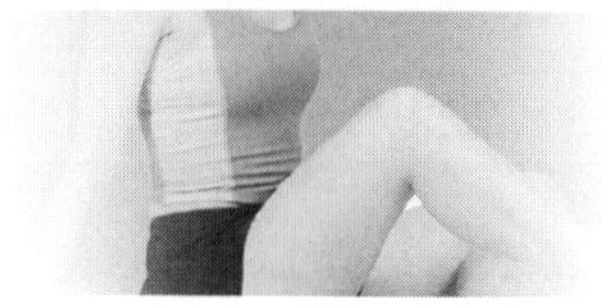

Questionário "ame seu corpo"

Marque cada item que se aplica a você.

Como é sua celulite?

☐ Tenho um pouco de celulite
☐ Só aparece quando aperto as coxas
☐ Vejo furinhos o tempo todo
☐ É bastante visível nas coxas, quadril, nádegas etc.

Como você se sente tendo celulite?

☐ Não me incomoda muito
☐ Não me preocupa, mas preferiria não a ter
☐ Faz com que eu não me sinta atraente
☐ Faz com que eu fique extremamente constrangida com minha aparência

Sua celulite ou suas estrias são desconfortáveis, macias ou doloridas?

☐ Não
☐ Um pouco desconfortáveis de vez em quando
☐ Um pouco desconfortáveis o tempo todo
☐ Bastante desconfortáveis o tempo todo

Você fica constrangida ou envergonhada por causa da celulite ou das estrias?

- ☐ Às vezes me incomoda
- ☐ Depende de com quem estou
- ☐ Penso nelas sempre que estão à vista
- ☐ Elas me incomodam o tempo todo

Até que ponto a celulite influencia o modo como você se veste ou o que você usa?

- ☐ Não influencia
- ☐ Sempre me preocupo com a aparência que as roupas dão ao meu corpo, especialmente quanto a minhas nádegas e pernas
- ☐ Raramente uso saias curtas e às vezes uso calças mesmo quando está quente
- ☐ Eu já não uso roupas que expõem minha celulite

Quanto você se dedica para melhorar a imagem do seu corpo?

- ☐ Não muito
- ☐ Estou disposta a tentar um novo programa, mas me sinto descrente
- ☐ Estou disposta a tentar algo novo que possa ajudar
- ☐ Farei qualquer coisa para me livrar da celulite e das estrias

Quantos tratamentos você já tentou?

- ☐ Este é meu primeiro
- ☐ Um outro
- ☐ De um a cinco
- ☐ Mais de cinco

Que atitudes você pensaria em tomar para reduzir a celulite ou as estrias?

- ☐ Apenas produtos de solução rápida
- ☐ Apenas remédios de uso tópico
- ☐ Remodelar minha dieta e estilo de vida
- ☐ Comprometer-me com uma série de tratamentos profissionais em salão de beleza ou *spa*

Até que ponto a celulite impede que você participe de esportes ou de outras atividades como corrida, natação ou ir à praia?

☐ Não me impede
☐ Participo de menos atividades do que se eu não as tivesse
☐ Não visto maiô ou shorts
☐ Não me envolvo em nenhuma atividade que exponha minha celulite

Até que ponto sua aparência gera problemas entre você e seu parceiro?

☐ Não gera problemas
☐ Quase nunca gera problemas
☐ Certamente é uma preocupação
☐ Gerou um grande problema na relação

Até que ponto a maneira como você se sente com relação ao seu corpo afeta sua vida sexual?

☐ Não afeta
☐ Fico muito constrangida e inibida por causa da aparência de "casca de laranja"
☐ Só faço amor no escuro
☐ Minha celulite me impede de me divertir com meu parceiro

Qual é o maior benefício que você espera conquistar com meu Programa de Solução para a Celulite?

☐ Uma pele mais macia e hidratada
☐ Uma pele com tom e textura melhores
☐ Coxas, nádegas e quadril mais lisos
☐ Uma silhueta mais fina

Avalie sua celulite

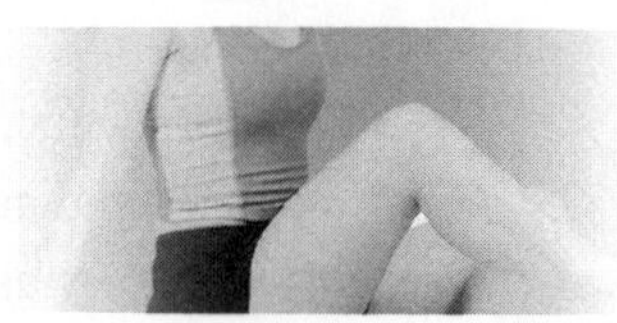

Para simplificar o processo de avaliação da sua própria celulite, criei uma escala que determina a gravidade dos seus furinhos em cada área, de "celulite não visível" até "celulite extremamente visível com furinhos profundos e dor". Ao graduar sua celulite já de saída e determinar a intensidade dela, você poderá personalizar o programa para que ele se ajuste a seu corpo.

Use a graduação que se segue para avaliar o grau de sintomas de celulite antes de começar o programa e, de novo, após o tratamento. Repare que é possível ter graus diferentes de celulite em diferentes partes do corpo. Por exemplo, você pode ter grau 1 nos quadris e grau 2 nas coxas.

---

1 = celulite apenas quando apertada

2 = furinhos suaves visíveis na superfície da pele

3 = furinhos avançados e depressões da pele

4 = furos marcantes e estriamentos com depressão da pele

5 = celulite extremamente visível com furos profundos e dor

Pense na minha solução para a celulite como um programa progressivo. Como tal, os efeitos são cumulativos. Eu o desenvolvi com uma abordagem abrangente que vai melhorar a firmeza da sua pele de forma contínua quanto mais tempo você o seguir. Incorporei pequenas variações de uma semana para outra a fim de aumentar os efeitos benéficos da suplementação e das terapias tópicas e acelerar o processo. A verdadeira beleza deste método é que ele é flexível, permitindo que cada pessoa o ajuste ao seu próprio corpo e estilo de vida. É um plano de seis passos, simples e realista, para você seguir no seu próprio ritmo.

O programa de solução para a celulite

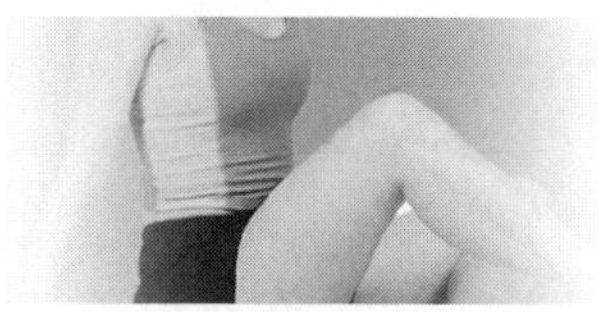

1. Preste atenção na sua dieta. Ingira alimentos anticelulite sempre que possível.
2. Siga as diretrizes para suplementação.
3. Esfolie.
4. Use os agentes tópicos duas vezes ao dia.

5. Modifique seu estilo de vida para limitar o estresse.
6. Reduza o isolamento e divirta-se.

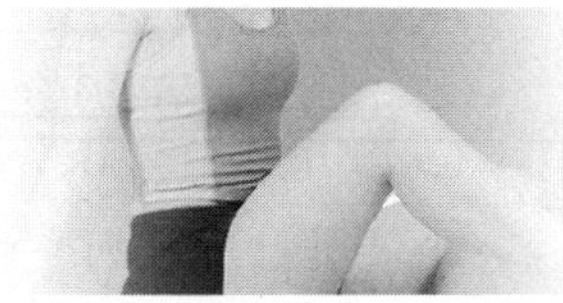

Semana 1

Dicas básicas para um corpo macio

Organize-se

- Anote seus objetivos e visualize-os
- Pense nos passos e ferramentas de que vai precisar para chegar lá
- Examine e avalie sua celulite e estrias

Vá às compras

- Compre quantidades abundantes dos alimentos que combatem celulite descritos no Capítulo 5. Sempre que possível, incorpore-os à sua dieta e às comidas que você cozinha.
- Para ter certeza de que está ingerindo o suficiente desses nutrientes vitais, compre um suplemento, ou suplementos, que contenham glicosamina, ácidos graxos essenciais, lecitina (e seus tijolos: colina e fosfatidicolina), antioxidantes, antiinflamatórios, vitaminas do complexo B e minerais-traço.

O que usar

Para maximizar os resultados, siga um regime de cuidados tópicos com a pele duas vezes ao dia: de manhã e de noite. Tome seu banho logo após uma sessão de escovação de pele seca e imediatamente em seguida ao banho use os cremes tópicos. Esses cremes são bastante simples. Pense nos cuidados com seu corpo da mesma maneira como pensa nos cuidados com a pele do rosto. Para ter uma pele verdadeiramente saudável em todas as partes do corpo, você tem de se certificar de que não está superprocessando sua pele com tratamentos e limpezas em excesso.

1. Antes de banhar-se, esfolie as áreas afetadas com uma escova de cerdas naturais para pele seca.
2. No banho, use um sabonete com hidratante suave para não remover os óleos naturais da pele. Uma ou duas vezes por semana, utilize um esfoliante durante a ducha para ajudar a esfoliação e melhorar a circulação sangüínea para a epiderme.
    - Evite duchas longas ou banhos quentes, pois podem desidratar a pele.
    - Seque-se com batidinhas suaves para não retirar muita umidade da pele.
3. Use um creme umectante estimulante que contenha agentes hidratantes como ácido hialurônico (também chamado de hialuronato de sódio); sódio PCANa; fosfolipídeos; óleo de cártamo (açafrão), óleo de borragem, óleo de prímula e glicerina.

Procure também ver se entre os ingredientes há agentes oclusivos que ajudam a evitar a perda de água, como ceramidas e petrolato.

Finalmente, veja se há adição de antioxidantes tópicos importantes para fortalecer as camadas epidérmicas da pele, como vitaminas A, C, E, extrato de chá verde, extrato de semente de uva e extrato de romã. Agentes antiinflamatórios são parte integrante do programa para reduzir o inchaço e melhorar a firmeza da pele. Procure ingredientes como zinco, extrato de alcaçuz, alantoína e aloe vera. Tente encontrar agentes que aumentem o fluxo sangüíneo, como pimenta caiena e *Centella asiatica.*

Que suplementos tomar

- Incorpore 200 mg de niacina para fortalecer e melhorar os vasos sangüíneos.
- Tome 1.200 mg de glicosamina diariamente para reparar danos causados às camadas dérmicas da estrutura da pele.
- Inclua lecitina e AGEs na sua dieta e suplementação para fortalecer as células.
- Antioxidantes como vitamina C, óleo de semente de uva e romã são elementos importantes do programa.

- Um complexo de vitamina B, que inclua ácido fólico e tiamina (B_1), riboflavina (B_2), niacina (B_3) e piridoxina (B_6), responsáveis pelo metabolismo de aminoácidos e gorduras, é necessário.
- Inclua também os minerais-traço picolinato de cromo, ferro, zinco, cobre, manganês e selênio.

Tome os suplementos duas vezes ao dia: de manhã e de noite.

Se você é vegetariana, pode usar todos os dias proteína de soja isolada em pó, que fornece os nove aminoácidos essenciais. Você também pode obter seus AGEs em suplementos de óleo de linhaça e microalga DHA.

Lembre-se, você pode encontrar suplementos que contêm vários desses ingredientes, limitando o número de comprimidos que toma por dia.

O que comer

Crie tempo para tomar um café-da-manhã saudável todos os dias, ainda que seja só uma fruta para aumentar seus índices de antioxidantes.

Água é essencial e pode vir de diversas fontes, incluindo a comida. Chás de ervas descafeinados, sopa de legumes, sucos de frutas, frutas e vegetais frescos contam para sua cota diária de água. Na verdade, acredito que as melhores fontes de água são as frutas e os vegetais. Uma boa dica de que seu corpo precisa de mais hidratação são lábios secos.

Coma um ou dois ovos por semana. Eles são uma excelente fonte natural de proteínas, ácido fólico, vitamina A, lecitina e vitamina B. Não deixe de comer a gema, que contém a lecitina.

Frutas e vegetais perdem água e nutrientes quanto mais eles são cozidos. Sempre que puder, coma os alimentos o mais próximo possível do seu estado natural e evite cozinhar demais, ferver ou esquentar, para preservar os ingredientes puros dos alimentos integrais.

Com esse programa, estou tentando fazer você comer melhor. Os alimentos que recomendo são calorias de qualidade e não calorias vazias. Não se prive completamente de alimentos que você deseja muito e realmente gosta; isso não é uma punição. Contudo, é melhor observar o tamanho das porções dos alimentos não saudáveis.

Alimentos que devem ser evitados

Proteínas

- carnes vermelhas de muita gordura
- embutidos e defumados, como salsicha, lingüiça, bacon, frios etc.
- aves e peixes fritos
- salmão e truta de cativeiro
- leite integral
- iogurte de leite integral

Carboidratos

- açúcar branco refinado
- balas e outros doces processados
- refrigerantes (normais ou sem açúcar)
- bebidas feitas de suco de fruta adoçado
- frutas congeladas adoçadas
- geléias e gelatinas de fruta adoçadas com açúcar
- frutas secas com açúcar
- vegetais fritos
- vegetais enlatados (com exceção de produtos de tomate)
- grãos refinados: pão branco, massas brancas, cereais refinados (quentes ou frios), arroz branco, biscoitos e produtos assados feitos com farinha branca e refinada

Gorduras

- óleos vegetais hidrogenados e parcialmente hidrogenados (gorduras trans) e alimentos que os contenham: a maior parte das margarinas, batatas chips, produtos assados comerciais (salgadinhos, bolos, tortas, biscoitos e outros petiscos), *fast food*
- manteiga e banha
- maionese
- alimentos fritos
- a maior parte dos queijos
- molhos para salada prontos que contêm açúcar e ingredientes artificiais

Alimentos que se devem comer com moderação

Proteínas

- gelatina
- carne vermelha magra
- queijos de pouca gordura
- ovos inteiros
- leite com pouca gordura
- iogurte com pouca gordura

Carboidratos

- mel
- xarope da seiva do bordo 100% natural melaço
- açúcar não refinado
- suco de fruta 100% natural (não adoçado)
- frutas secas (contém todas as calorias encontradas nas frutas integrais, mas não têm os mesmos nutrientes)
- suco vegetal 100% natural

Gorduras

- manteiga natural de amendoim e manteiga de castanhas
- tahine de gergelim
- nozes e castanhas
- linhaça (moída), semente de abóbora, semente de girassol,
- gergelim
- óleo de oliva
- óleo de canola
- óleo de abacate
- azeitonas

Alimentos que se podem comer à vontade

Proteínas

- feijões, lentilha, ervilha
- produtos de soja: soja, tofu, carne de soja de pouca gordura (produtos de proteína vegetal texturizada – hambúrgueres vegetarianos e outros produtos de carne de soja)

- frango, peru (sem pele)
- peixe (assado, grelhado)
- claras de ovos
- leite de soja (fortificado com cálcio)
- leite desnatado
- iogurte sem gordura ou de soja

Carboidratos

- substitutos do açúcar (Stévia)
- frutas (cruas, frescas, congeladas não adoçadas):
  - abacate
  - abacaxi
  - ameixa
  - ameixa seca
  - amora
  - amora preta
  - baga azul
  - baga de pilriteiro
  - baga de sabugueiro
  - banana
  - cereja
  - damasco
  - figo
  - framboesa
  - groselha preta
  - kiwi
  - *Lycium barbarum*
  - laranja
  - maçã
  - mamão
  - manga
  - melancia
  - melão
  - melão rosado (cantalupe)
  - morango
  - nectarina
  - oxicoco (baga vermelha)
  - pêra
  - pêssego
  - romã
  - tangerina
  - toranja
  - uva-passa
  - uvas
- vegetais (crus e frescos, não adoçados, congelados, ligeiramente cozidos):
  - abóbora
  - abobrinha
  - agrião
  - aipo (salsão)
  - alcachofra
  - alface
  - alga marinha
  - alho
  - aspargo
  - batatas (inglesa, comum, doce)
  - berinjela

- beterraba
- *bok choy* (repolho chinês)
- brócolis
- broto de brócolis
- cebola (branca, roxa, verde, chalota)
- cenoura
- couve
- couve-de-bruxelas
- couve-flor
- ervilha
- espinafre
- feijão branco
- folha de mostarda
- folhas de nabo
- gengibre
- inhame
- jacatupé
- milho
- pepino
- pimentões (verde, vermelho, amarelo)
- rabanete
- repolho (roxo e verde)
- rúcula
- salsinha
- tomate
- vagem

• grãos integrais:
- pão integral
- massas
- cereais matinais
- aveia
- arroz integral
- biscoitos de água e sal e similares (*diet*)

Gorduras

• Óleo de linhaça (adicionado à comida ou em forma de suplemento em cápsulas)
• Lecitina de soja (granulada, ou líquida, adicionada à comida, ou em forma de suplemento)

Semana 2

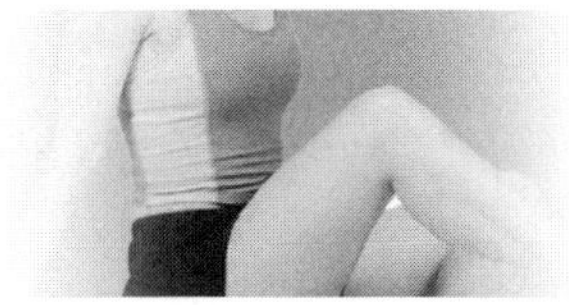

Mantenha o programa básico da Semana 1 e inclua os seguintes itens:

- Incorporar alguns dos conceitos de saúde inclusiva que serão abordados no Capítulo 7, como aromaterapia, exercícios e relaxamento.
- Fazer exercícios de enrijecimento voltados para as áreas problemáticas pelo menos uma vez por semana. (Se você se sente confortável para fazer mais vezes, faça!)
- Uma ou duas vezes por semana, fazer uma seção de escovação da pele antes do banho para promover a circulação e a esfoliação. Este pode ser um tratamento muito revigorante e terapêutico, ao mesmo tempo que lhe permite dedicar um tempo para si mesma.

Semana 3

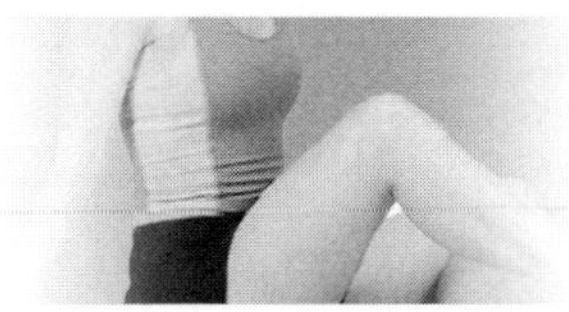

Mantenha o programa básico da Semana 2 e inclua os seguintes itens:

- Reduzir seu isolamento. Sair, mexer-se, fazer um esforço extra para participar de atividades sociais. É mais fácil seguir o programa quando você está contente e curtindo a vida.
- Ajustar sua atitude. Concentrar-se nas coisas boas, em suas conquistas e realizações e também na sua nova vitalidade e energia.
- Sexo e toque são grandes impulsionadores do corpo e também aumentam sua auto-estima. Aproveite esta oportunidade para se ligar ao seu parceiro ou a alguém novo e aprenda a amar seu corpo.

Semana 4

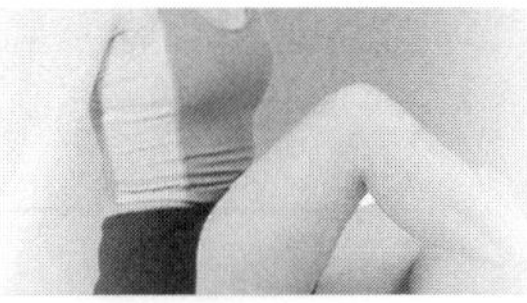

Nesse estágio, você deve começar a perceber um enrijecimento da pele.

Mantenha o programa básico da Semana 3 e inclua os seguintes itens:

- Adicionar uma sessão de massagem profunda (ou fazer isso em alguma semana anterior, se preferir) para se recompensar pela sua constância no programa e pelos benefícios terapêuticos que ela traz. Muitos *spas* oferecem massagens que abordam especificamente a celulite, como o Tratamento Profissional de Firmeza e Tonicidade Murad, que relaxa a tensão, estimula o fluxo sangüíneo e infunde nutrientes vitais na área.
- Tentar aumentar seu empenho físico acrescentando, de modo gradual, 15 minutos à sua sessão de exercícios.

Semana 5

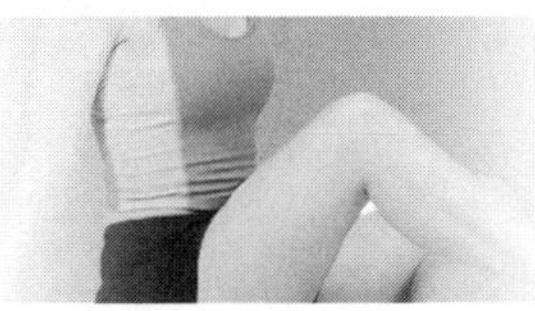

Mantenha o programa básico da Semana 4 e inclua os seguintes itens:

- Ir a um centro de estética para fazer uma massagem com infusão de vitamina C para a celulite ou qualquer outro tratamento terapêutico.
- Aumentar a escovação da pele para cinco vezes por semana.

Semana 6

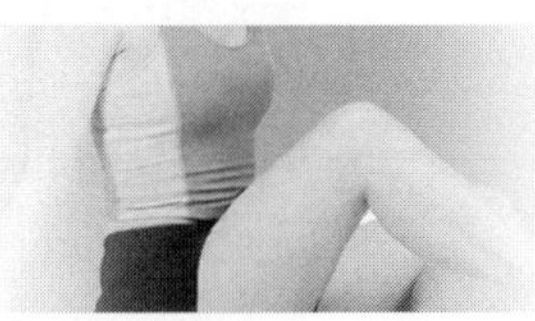

Mantenha o programa básico da Semana 5 e inclua os seguintes itens:

- Aumentar a escovação da pele para uma vez ao dia antes do banho.
- Fazer exercícios de enrijecimento concentrados nas áreas problemáticas três vezes por semana.

- Fazer outra avaliação da sua celulite e comparar com aquela feita na Semana 1.

Se não se sente satisfeita com sua melhora até agora, pare por um momento para rever o quanto você seguiu o programa desde a Semana 1, a fim de determinar um ponto que possa ter deixado a desejar. Pode ser necessário continuar por mais duas semanas ou mais para que seja percebida uma diferença notável. Cada corpo responde de uma maneira, baseado no grau de celulite e estrias ao início do programa. Não desanime.

A essa altura, você já deve ter descoberto que aspectos do programa consegue seguir com facilidade e em que pontos é necessário fazer ajustes de modo a continuar a alisar sua pele com sucesso.

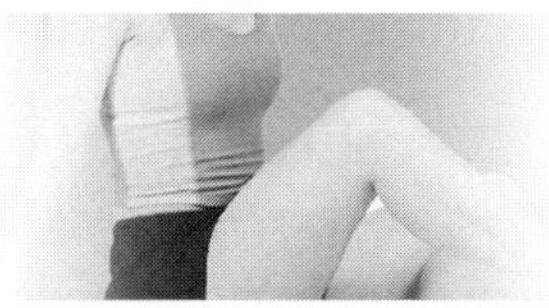

Semana 7

Certifique-se de tomar os suplementos, exercitar-se, usar os agentes tópicos duas vezes por dia e escovar a pele.

Mantenha o programa básico da Semana 4 e inclua os seguintes itens:

- Aumentar a ingestão semanal de alimentos recomendados no Capítulo 5.
- Beliscar o lado de baixo do braço para sentir a melhora na firmeza. Tomar suplementos afeta o corpo todo – o colágeno se ajusta em todas as partes, não apenas onde você tem imperfeições.

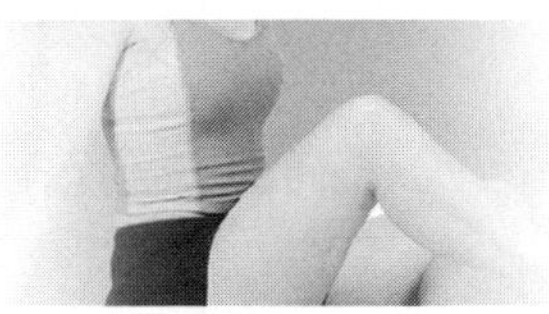

Semana 8

Aprecie sua pele bela, lisa e macia.

Esse é um programa para a vida toda. Ele não só ajuda na celulite, mas também faz todo seu corpo ficar mais saudável. Mantenha o bom trabalho. Quanto mais tempo você permanecer no programa, mais ele lhe proporciona pele macia e lisa, saúde, hidratação, tônus, redução da gordura corporal e redução do desperdício de água. Seguir esse hábito é fácil e os resultados melhoram continuamente.

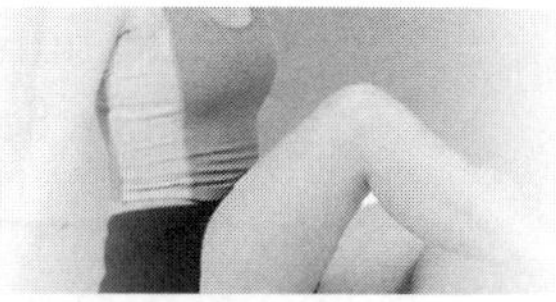

A solução para a celulite

A tabela abaixo descreve o programa discutido acima. Você poderá usar esse esquema como linhas gerais – não há necessidade de aderir a ele com rigidez. A idéia é que você se baseie no programa ao longo das oito semanas de modo que se sinta confortável, mas também que inclua suficientes elementos semanalmente para obter os resultados desejados.

RESUMO DO PROGRAMA DE OITO SEMANAS DE SOLUÇÃO PARA A CELULITE

	Fazer	**Comer**	**Tomar**	**Aproveitar**
Semana 1	Compras Usar creme tópico 2x ao dia Avaliar a celulite	Alimentos recomendados	Suplementos recomendados	Respiração profunda Redução do estresse
Semana 2	Creme tópico 2x ao dia Escovação da pele 2x por semana Exercício pelo menos 1x por semana	Alimentos recomendados	Suplementos recomendados	Relaxamento Saúde inclusiva
Semana 3	Creme tópico 2x ao dia Escovação da pele 3x por semana	Alimentos recomendados	Suplementos recomendados	Atividade social Toque
Semana 4	Creme tópico 2x ao dia Escovação da pele 2x por semana Exercícios	Alimentos recomendados	Suplementos recomendados	Tratamento profissional (*spa*)

TESTEMUNHO DE PACIENTE

Jennifer

Idade: 30

Ocupação: Dona de casa/estudante

Áreas de preocupação: Quadril e coxas

Testemunho pessoal

"Ser mãe e estudante em tempo integral acaba com minha energia. Sendo uma pessoa que come correndo e abusa de *fast food*, eu sabia que precisava de vitaminas, mas não sabia o quanto elas eram importantes. Assim que comecei a tomar as vitaminas, percebi uma melhora na minha energia e no meu humor de maneira geral. Enquanto me concentrava nas mudanças no meu quadril e em minhas coxas, não pude deixar de notar como me sentia bem. Percebi minha área do quadril e das coxas ficando mais lisa e firme depois da primeira semana e, depois de um mês, eu usava *shorts* e realmente sentia que minha aparência estava tão boa quanto meu bem-estar. Outra coisa que notei foi uma mudança nas minhas gengivas. Elas geralmente sangravam muito ao fazer limpeza dental, mas pela primeira vez em anos isso não ocorreu. Meu dentista perguntou o que eu estava fazendo de diferente, e essa era a única mudança que eu tinha feito."

	Fazer	Comer	Tomar	Aproveitar
Semana 5	Creme tópico 2x ao dia Escovação da pele 5x por semana	Alimentos recomendados	Suplementos recomendados	Tratamento com infusão de vitamina C
Semana 6	Creme tópico 2x ao dia Escovação da pele todos os dias Exercícios 3x por semana Avaliar celulite	Alimentos recomendados	Suplementos recomendados	Relaxamento Saúde inclusiva Atividade social

Programa clínico

- administração diária de suplementos para tratar celulite como sugerido neste livro
- aplicação tópica de gel para celulite

Resultados Clínicos

Visita inicial: celulite em estágio 3
Visita final: celulite em estágio 2
Observações clínicas adicionais

Medidas de água:

Visita 1: Intracelular 17,8 Extracelular 14,2
Visita 2: Intracelular 18,8 Extracelular 14,6
Final: Intracelular: 19,2 Extracelular 14,5

% de Gordura do Corpo

Visita 1: 31,6
Visita Final: 26,8 (diminuição de 4,8%)

TMB (Taxa Metabólica Basal, número de calorias usadas em repouso)

Visita 1: 1.316
Visita final: 1.414 (um aumento de 98 calorias queimadas em repouso por dia)

	Fazer	**Comer**	**Tomar**	**Aproveitar**
Semana 7	Creme tópico 2x ao dia Escovação da pele todos os dias Exercícios 3x por semana	Alimentos recomendados	Suplementos recomendados	Relaxamento Saúde inclusiva Atividade social
Semana 8	Continue assim!	Alimentos recomendados	Suplementos recomendados	Pele lisa

Saúde abrangente

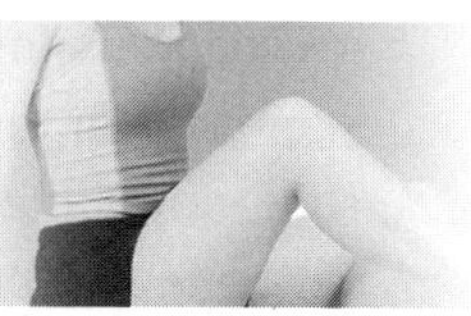

Quando os cuidados com a pele encontram os cuidados com a saúde

Agora você está bem avançada no seu caminho para ter coxas lisas. Você está inundando seu organismo com antioxidantes e antiinflamatórios e suprindo as áreas afetadas com loção hidratante e protetora para evitar deterioração. Você adicionou glicosamina e lecitina à sua dieta para reparar os tecidos danificados e ácidos graxos essenciais de modo a preencher as paredes das células e atrair água. Você também tem comido alimentos saudáveis para fornecer a seu sistema as ferramentas de que ele precisa para funcionar da melhor forma. Só falta uma peça para completar o quebra-cabeça do ambiente saudável e abrangente a fim de ter uma pele lisa e um tecido conjuntivo firme.

Todos os passos acima vão lhe proporcionar um ambiente interno e externo saudáveis. Eles irão fornecer a seu corpo as ferramentas de que ele necessita para reparar a pele e evitar a aparência de "casca de laranja" e ao mesmo tempo fazer todo seu corpo ficar mais jovem e vibrante. Mas você ainda não estará com a saúde ideal se não estiver feliz e satisfeita com a vida. Se você se sente isolada e não está envolvida numa comunidade com outras pessoas, se está estressada e não tira nenhum tempo para relaxar ou se não ama o que você faz, seu corpo não terá a resistência de que é capaz. Esse é o último componente do que eu chamo de saúde inclusiva. Seu estado de espírito é tão importante na recuperação dos seus problemas da derme quanto o que você põe para dentro do corpo e o que passa na pele.

Ouça seu corpo.

Uma pergunta que sempre faço às minhas pacientes é: "Quem é a pessoa mais importante na sua vida?". Elas geralmente param e pensam por um minuto, checando mentalmente a agenda das pessoas de suas vidas antes de decidir que deve ser elas mesmas. Se você não estiver bem, não poderá importar-se com nenhuma das outras pessoas da sua vida. É importante respeitar isso e dar a si mesma a atenção e o cuidado que merece.

Você *pode* ter um corpo liso e sem furinhos de celulite. Você *pode* ter uma pele firme, células flexíveis e um tecido conjuntivo forte. Você pode se reidratar e se revitalizar de dentro para fora. Mas seu corpo nunca vai ser tão bonito quanto poderia se você não projetar nele a saúde interna e a beleza que começam na sua mente. Não há uma causa única para a celulite. Se você realmente quer se livrar desse estado, precisa tratar *todos* os fatores que conduzem a ele.

Assim como aconteceu com outros conceitos em que fui pioneiro ao longo dos anos, dados científicos estão começando a apoiar minha teoria sobre celulite e estrias.

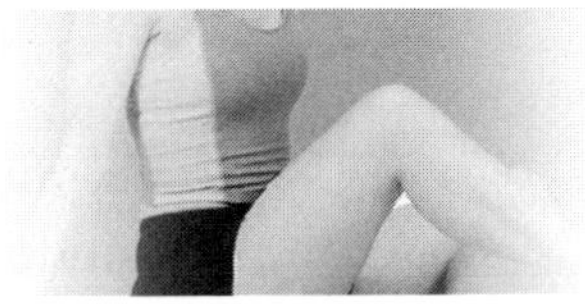

A conexão mente-pele

Tente lembrar-se por um momento: você já teve alergias em períodos de estresse? Talvez enquanto estudava para provas da escola ou depois de uma experiência traumática. Sua pele fica pálida se você não dorme? Esses são alguns efeitos que causas externas e humor podem ter sobre sua pele – e sobre sua saúde em geral. Na verdade, uma pesquisa com pacientes de uma clínica dermatológica concluiu que 40% deles sofriam de sintomas psiquiátricos, além das enfermidades da pele.

Pense no que deu certo, não no que deu errado.

Felizmente há um lado positivo. Pesquisas mostram que o estado de espírito pode ter um impacto benéfico significativo sobre a pele e a aparência. Pessoas que pensam positivo, que são entusiasmadas, que não se estressam e que desfrutam de contato físico e social regularmente com outros têm muito mais probabilidade de levar vidas felizes e saudáveis do que aquelas que não dispõem dessas vantagens. E esses benefícios não são superficiais como a pele. Um estudo sobre o poder do toque no sistema imunológico de homens soropositivos mostrou que, depois de um mês de sessões de massagem, os graus de estresse dos pacientes haviam diminuído. Ainda mais interessante foi a descoberta de que os pacientes que receberam massagem tiveram um aumento de células assassinas naturais, que são a linha de frente de defesa do corpo. Isso sugere que esses pacientes têm menos probabilidade de ser vítimas de infecções oportunistas, como a pneumonia.

Cure seu corpo dando a ele o melhor ambiente
para cuidar de si mesmo.

O foco da minha filosofia é que, para curar nossos corpos, quer estejamos tratando de uma doença letal, quer estejamos cuidando de celulite e estrias, precisamos proporcionar a nós um ambiente completo de saúde. Se nossas mentes não estão relaxadas, se estamos estressados e isolados, nossos corpos, em algum momento, serão afetados e nossa capacidade natural para a cura ficará comprometida. Uma abordagem completa da saúde e do bem-estar é a melhor maneira de permanecer saudável, jovem e firme. Esse componente final e necessário para a saúde e a beleza pode assumir inúmeras formas, desde tratamentos estruturados, como massagem ou aromaterapia, até pequenos acréscimos à rotina, como começar a fazer aulas de Ioga, ter mais prazer com o trabalho ou lazer, ou se exercitar regularmente.

Uma tez saudável é reflexo de bem-estar total, por dentro e por fora. Isso, por sua vez, cria um ambiente mais saudável para a pele, de forma que, se problemas aparecerem, eles irão se resolver mais facilmente. Além disso, os cuidados com a pele podem abrir o caminho para a saúde geral. Dê todos os passos para chegar à pele saudável – os produtos corretos, os nutrientes apropriados e escolhas de vida positivas – e todo seu corpo ficará mais saudável.

A relação simbólica entre corpo e mente tem sido observada por séculos ao redor do mundo. Contudo, grande parte da comunidade médica tem sido lenta em incorporar essas alternativas benéficas e esses suplementos na medicina convencional. No entanto, isso não parece ter afetado o desejo dos pacientes de buscar esses tratamentos. Um estudo mostrou que em 1990 os americanos haviam ido a consultórios de medicina alternativa 40 milhões de vezes mais que a consultórios convencionais. Esses pacientes sabem por experiência própria o que a ciência está começando a provar agora: uma sensação de bem-estar pode ser alcançada tocando e sendo tocado, experimentando sensações prazerosas e um ambiente relaxante.

A medicina ocidental está começando a reagir. Desde o início da década de 1990, um grande número de faculdades de medicina acrescentou departamentos de medicina alternativa ou "complementar" a seus currículos. Esses departamentos abordam filosofias médicas não-tradicionais ou orientais, como acupuntura e homeopatia.

Tome um novo rumo.

Abri meu consultório de dermatologia em 1972. No início dos anos de 1980, tinha um consultório próspero, no qual realizava um grande número de tratamentos exclusivamente convencionais. Na época, tratamentos a laser e injeções de colágeno eram a moda. As convenções de dermatologia com freqüência se baseavam nesses tratamentos e muitas das minhas pacientes também estavam interessadas. Logo comecei a me incomodar com o fato de que, realizando esses tratamentos, estava apenas fazendo a pele parecer melhor sem realmente atingir a saúde geral dela e do organismo. Estava interessado em técnicas menos invasivas, que fizessem minhas pacientes ter uma aparência melhor, proporcionando a elas um ambiente completo para uma pele saudável.

Quando as pacientes precisavam de um tratamento invasivo, eu certamente o realizava, se fosse apropriado. Mas, mesmo depois desses procedimentos custosos, suas peles não tinham uma aparência tão boa quanto se tivessem a saúde em estado ideal. Como médico, é meu trabalho proporcionar essa saúde às minhas pacientes e oferecer-lhes os melhores resultados disponíveis. Uma paciente pode vir reclamar de sua pele enrugada e dizer-me que quer uma injeção de Botox®. O Botox® pode fazer a pele parecer mais lisa, mas ainda será a mesma pele envelhecida, fraca e desidratada. O que a paciente realmente quer é um rosto rejuvenescido. E ela acaba com um rosto liso que ainda parece envelhecido. Essa é provavelmente a razão do alto índice de depressão pós-cirurgias plásticas. As pacientes se sentem desestimuladas porque não parecem realmente mais jovens. A não ser que tratemos todas as causas do envelhecimento da pele – a não ser que tratemos todo o quadro –, não iremos alcançar uma pele verdadeiramente saudável e jovem, mesmo com tratamentos caros e invasivos. O único momento em que você está bonita de fato é quando se olha no espelho e fica satisfeita com o que vê.

Uma pele bonita em conseqüência de boa saúde e felicidade é muito mais bonita do que uma tratada apenas com cosméticos. Por isso criei tratamentos que cuidam da saúde em geral e do bem-estar, indo além dos tratamentos médicos que tinham em vista apenas os sintomas. Comecei a utilizar técnicas não-invasivas, como a aplicação tópica de hidroxiácidos. Também empreguei esteticistas no meu consultório, para acrescentar o poder de cura do toque ao tratamento.

Rapidamente, minhas pacientes estavam experimentando resultados tão impressionantes com esses tratamentos "suplementares" que muitas iam exclusivamente para passar pelos esteticistas. Em pouco tempo, os facialistas do meu consultório já não davam conta da demanda, então, em 1988, abri o Instituto de cuidados da pele "A Sense of Self", o primeiro *spa* urbano supervisionado por médicos. No *spa*, esteticistas podiam treinar comigo para proporcionar bem-estar geral às clientes. Minha filosofia era tratar beleza e saúde como uma coisa só e abordar a pele de um ponto de vista científico e holístico.

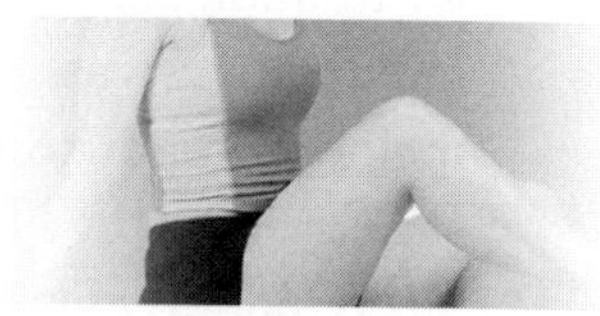

O NICE

Em 1998, um grupo de médicos da Universidade de Harvard e de vários outros hospitais da região de Boston realizou um estudo para examinar as conexões e interações entre corpo e mente, especificamente a pele. Eles batizaram seu achado de rede NICE, abreviatura de neuro-imuno-cutâneo-endócrino. Descobriram que esses sistemas – o sistema nervoso, o sistema imunológico, a pele e o sistema endócrino – estão intimamente conectados por meio de um diálogo de químicas interativas compartilhadas. Em suma, o que afeta um desses sistemas afeta os outros.

Eles estudaram várias causas externas que afetam nosso humor positiva ou negativamente, coisas como massagem e aromaterapia, assim como depressão e isolamento. O que descobriram jogou um balde de luz científica no que milhões de pessoas já sabiam havia séculos: o estado de espírito tem um impacto definitivo na saúde e na aparência.

Eles descobriram que muitos hormônios e neurotransmissores liberados dentro do corpo têm receptores na pele. Isso quer dizer que uma química liberada pelo organismo para ajudar a lidar com o pânico ou com o estresse pode ter conseqüências não-intencionais na pele. Isso ajuda a entender porque eventos estressantes da vida levam a enfermidades como psoríase, acne e eczema. Hormônios semelhantes são liberados em decorrência de vírus e traumas. Embora a complexa rede de comunicações entre os sistemas do organismo ainda não tenha sido completamente compreendida, está claro que as substâncias liberadas por estresse e depressão possuem impacto negativo sobre a saúde.

Tenha um sonho para poder realizá-lo.

Se os hormônios e neurotransmissores liberados no organismo por estresse, pânico ou doença podem causar inflamações que levam ao surgimento de enfermidades, não há dúvida de que eles podem causar inflamações que levam ao rompimento das células e também do tecido conjuntivo. Como já sabemos, entre as muitas infelizes conseqüências desse rompimento estão a celulite e as estrias.

É cada vez mais comum ver descobertas publicadas em periódicos prestigiosos de medicina confirmando os efeitos benéficos dos tratamentos alternativos, assim como os fortes efeitos dos estados de espírito na saúde física. Por exemplo, um estudo descobriu recentemente que a depressão está ligada a resultados insatisfatórios de cirurgias do coração e da espinha e a aumento de dor em cirurgias bucais. Ainda mais representativa é a descoberta dos pesquisadores da Universidade Cornell de que estresse e privação de sono em mulheres têm um impacto negativo na função de barreira da pele e aumentam a perda de água por ela. Como sabemos, essa é uma das duas principais causas de celulite e estrias.

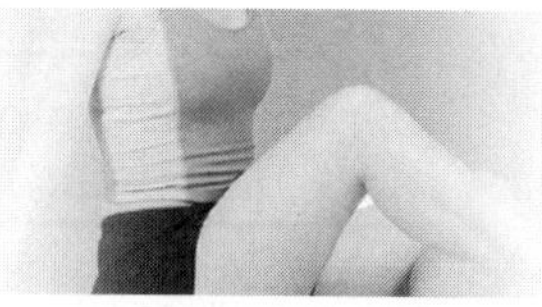

O poder de cura do relaxamento

Se emoções negativas e estresse podem causar doenças e fazer com que nos sintamos menos saudáveis, seguramente estados mentais positivos, relações humanas benéficas e terapias que nos fazem sentir bem podem diminuir o processo inflamatório, deixando-nos mais saudáveis, felizes e tão belos quanto podemos ser.

Um componente fundamental de uma estratégia de luta contra a celulite é reservar um tempo para relaxar e aproveitar a vida. Com os nutrientes corretos, alguns tipos de relaxamento podem proporcionar saúde e cuidados com a pele de dentro para fora. Há um grande número de maneiras de criar um tempo de restabelecimento para si mesma. Para algumas pessoas, tomar um banho quente cercadas de velas de aromaterapia é a melhor maneira de derreter a tensão. Para outras, uma caminhada é o melhor caminho para limpar a mente. Pode ser que, para você, fazer as unhas ou receber uma massagem seja o melhor jeito de acalmar uma mente agitada. Ou quem sabe você prefira simplesmente tirar algum tempo para ouvir uma música relaxante. Tente algumas técnicas até ver o que funciona melhor no seu caso. O que funciona para outras pessoas pode não ser o método certo para você. Uma vez encontrada a combinação correta de técnicas que a fazem sentir-se relaxada e em paz, adicione-as à sua rotina. Ignorar suas necessidades e deixar o estresse pegar no seu pé de apoio pode atrapalhar seus esforços para atingir saúde, vitalidade e beleza.

No *Spa* Murad, as pacientes fazem tratamentos faciais pelos benefícios diretos que eles proporcionam à cútis, assim como pelos benefícios adicionais de relaxamento, pelo fato de isso constituir um mimo e pelo poder de cura do toque. A massagem é outra eficiente arma contra o estresse. A aromaterapia é um calmante que pode ser adicionado a seus tratamentos.

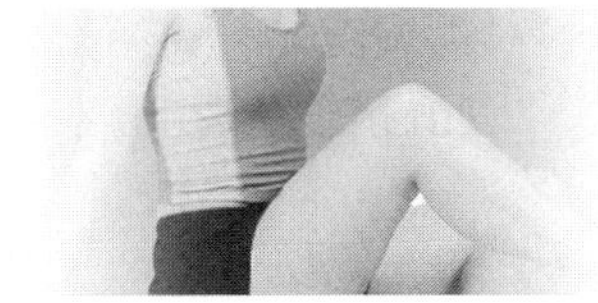

Aromaterapia

Uma grande parte da literatura científica sugere que certos aromas influenciam o humor, a ansiedade, as funções imunológicas e até a saúde da pele. Quando um óleo essencial é inalado, os nervos do nariz carregam-no para a parte do cérebro que controla, entre outras coisas, os batimentos cardíacos, a memória e o equilíbrio hormonal. Até aromas tão sutis que mal podem ser identificados são capazes de liberar substâncias neuroquímicas. Outras descobertas também sugerem conexões entre o cérebro e o sentido do olfato. Na verdade, a debilidade na capacidade de detectar odores foi encontrada em diversos distúrbios neuropsiquiátricos, incluindo mal de Alzheimer, esquizofrenia e depressão.

Faça alguém sorrir.

Fragrâncias têm sido usadas em rituais medicinais e religiosos por séculos no mundo inteiro. A ciência da aromaterapia começou na França no início dos anos de 1990. Um farmacêutico chamado René-Maurice Gattefosse se interessou pelo uso medicinal dos óleos essenciais depois de ter sofrido uma grave queimadura no braço enquanto trabalhava em seu laboratório. Instintivamente, ele enfiou o braço ferido no líquido mais próximo que encontrou, o qual, por casualidade, era óleo essencial de lavanda. A queimadura melhorou muito mais rapidamente do que o esperado e não deixou cicatriz, como é comum em casos semelhantes. Ele ficou tão intrigado com os resultados que dedicou o resto da vida ao estudo da aromaterapia e dos óleos essenciais.

Adicionar um elemento aromaterapêutico a seu banho é outra excelente maneira de experimentar o poder de cura do aroma. Acredita-se que, quando se mergulha em água quente com óleos essenciais, estes são absorvidos pelos tecidos do corpo. Tendo entrado no corpo pela pele ou por inalação, eles têm efeitos terapêuticos, especialmente em inflamações e infecções, estados que, por sinal, envolvem o sistema imunológico.

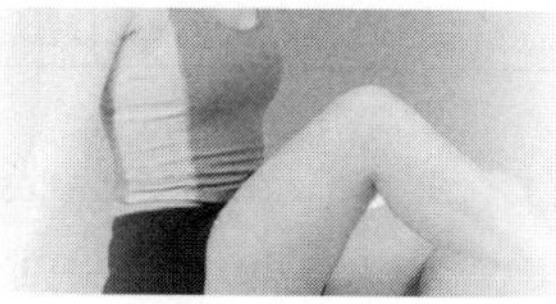

Toque de cura

Terapias de toque são outro remédio ancestral que se tornou um complemento popular à medicina convencional moderna. Há anos as pessoas têm encontrado paz de espírito e bem-estar físico por meio de tratamentos como acupressão, reflexologia e massagem. Os periódicos científicos estão cheios de confirmações da eficácia desses tratamentos.

A massagem não beneficia apenas os músculos e tecidos que estão sendo tocados, ela também reduz o estresse, diminui a depressão, melhora padrões de sono e impulsiona o sistema imunológico. Estudos até já mostraram que tratamentos com massagem em pacientes com câncer reduzem a necessidade de remédios contra a dor, que podem causar dependência. Em muitos dos estudos, os pacientes continuavam sentindo os benefícios da massagem meses depois do fim do tratamento. A terapia do toque pode ter muitas formas, entre elas massagem profunda, escovação da pele, manipulação do tecido conjuntivo e reflexologia. Experimente essas técnicas para encontrar uma terapia de toque à qual você sente que pode realmente se entregar. Até uma simples massagem na cadeira pode ser muito benéfica. A Faculdade de Medicina da Universidade de Miami realizou estudos sobre os efeitos da massagem em pessoas que trabalham em escritórios. Uma simples massagem na cadeira de 15 minutos duas vezes por semana reduziu dramaticamente o estresse causado pelo trabalho e ao mesmo tempo aumentou a produtividade e a agilidade.

O ritmo no qual essas terapias alternativas estão sendo estudadas e comprovadas está aumentando. Conforme se joga mais luz na conexão entre mente, sistema imunológico, pele e saúde física, terapias sensuais, como a do toque e a aromaterapia vão sem dúvida ocupar um espaço ainda maior no nosso arsenal de tratamentos.

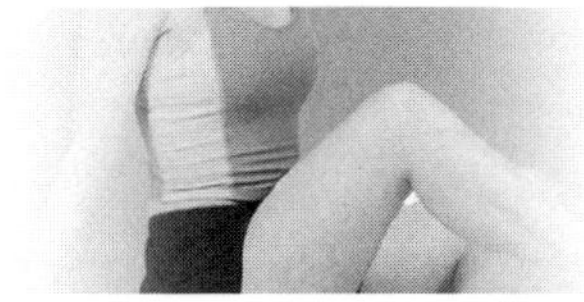

Respiração

O estresse é um agravante de doenças. Mesmo quando há uma causa orgânica para a doença, o relaxamento e a respiração podem ajudar o sistema curativo do corpo. Sem perceber isso, a maioria de nós faz respirações curtas e superficiais especialmente em períodos de estresse. Isso leva a uma circulação fraca e aumenta a tensão. Tente deixar o ar entrar profundamente até o abdome sempre que perceber que está ansiosa ou respirando de maneira superficial. Muitas pessoas notaram que fazer alguns minutos de exercícios de respiração profunda quando acordam as deixa mais centradas e as mantém concentradas pelo resto do dia.

Sorria sem motivo.

Um modelo de exercício de respiração profunda

1. Vista roupas folgadas e deite-se.
2. Expire pelo nariz por tanto tempo quanto puder.
3. Inspire pelo nariz contando até 10, sentindo o diafragma e o abdome subirem.
4. Tente inspirar ar suficiente para encher os pulmões por completo.
5. Lentamente, expire contando até 20, pressionando para fora todo ar que há no pulmão.
6. Continue por dois ou três minutos.

Em forma para a vida

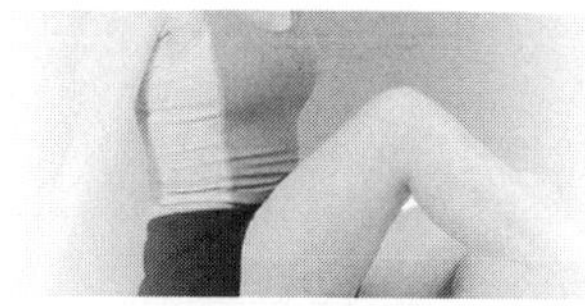

Não estou defendendo um programa de exercícios voltado para lidar com questões físicas específicas, como perda de peso ou ganho muscular, mas, sim, um resultado geral de sensação de bem-estar voltado para a obtenção de um estado de saúde inclusiva e ideal para a mente e o corpo. Por esse motivo, recomendo exercícios que você goste de fazer. Muitas vezes, as pessoas se impõem objetivos que não conseguem alcançar e acabam desistindo. Faça seus exercícios serem divertidos. Comece a praticar um esporte, freqüente aulas de Ioga ou faça caminhada. Se você gosta de musculação e corrida, faça isso. O mais importante é que seu exercício seja divertido, aí ele vai funcionar.

Boa forma física é outro elemento importante da saúde inclusiva. É verdade que só os exercícios não vão livrar você da celulite, mas eles podem ajudar de várias maneiras.

Se você não usa, você perde. Minha filosofia se baseia no fato de que todos os nossos sistemas estão interligados. Um problema com o sistema endócrino, por exemplo, afeta a maneira como o sistema imunológico luta contra as doenças. Por causa disso, quero que seu corpo esteja tão saudável quanto ele puder em todos os aspectos. Quando você está em boas condições, todos os seus sistemas funcionam de maneira muito mais fluida, já que não têm de lidar com os problemas que surgem quando o corpo está fora de forma, como falta de energia, pressão sangüínea alta e maior risco de diabetes, entre outros.

Os exercícios fazem você se sentir melhor. Estudos mostraram que exercícios regulares proporcionam relaxamento, redução do estresse e melhoria da qualidade do sono. Você já deve ter ouvido falar do "barato da corrida". Não é só um mito ou lenda urbana. O exercício realmente libera endorfinas, que são substâncias químicas criadoras de bem-estar produzidas pelo cérebro. Na verdade, praticar exercícios regularmente constitui um método altamente recomendado para tratar a depressão.

Dê forma à sua auto-imagem. Todos queremos um corpo do qual nos orgulhemos, e apenas se livrar da celulite pode não ser suficiente. Se você se sente fora de forma num grau pequeno ou mais intenso, isso pode estar afetando sua percepção de si mesma. Tente fazer algum exercício de que você goste pelo menos algumas vezes por semana. O simples ato de fazer bem a si mesma vai permitir que você se sinta mais orgulhosa de si própria. E, assim que começar a ver os resultados no espelho, você se sentirá bem em todos os aspectos.

Amenize as imperfeições. Ainda que seja verdade que nenhum exercício vai consertar sua celulite e suas estrias, alguns podem minimizar a aparência. Os furinhos são muito mais visíveis quando cobrem tecido frouxo do que quando estão sobre músculos firmes. Para tornar a celulite menos visível, tente fazer alguns exercícios simples que tenham como objetivo as áreas nas quais você tem celulite:

- Agachamentos com pernas alternadas enrijecem os glúteos e as coxas.
- Agachamentos simples enrijecem a parte posterior da coxa.
- Levantamentos das pernas fortalecem a parte inferior do abdome e enrijecem a barriga.

Para aumentar de verdade os resultados visuais deste programa, tente fazer os exercícios para as áreas problemáticas três vezes por semana.

Ioga para reduzir o estresse

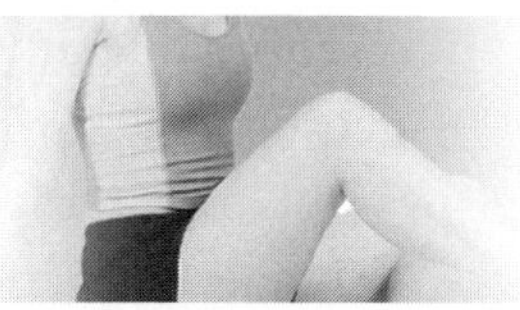

A Ioga torna os corpos fortes, elásticos e com tônus, em vez de duros ou tensos. Praticar qualquer postura de Ioga com uma respiração profunda e lenta e se entregar vai relaxar seu sistema nervoso. Aprender a relaxar e reduzir o estresse por meio da meditação pode até ajudar a reduzir o risco de ataque cardíaco e derrame cerebral. A Ioga tem três componentes:

- posturas ou alongamentos criados para fortalecer, alongar e relaxar o corpo;

- exercícios respiratórios que ajudam a relaxar e a limpar o corpo, proporcionando clareza mental e bem-estar físico;
- filosofia que ensina a mente a relaxar e a eliminar o caos e as distrações.

A missão da Ioga é alinhar o coração, o corpo, a mente e o espírito, o que em última instância traz uma sensação de tranqüilidade. Já foi descoberto que os movimentos e técnicas da Ioga podem até curar alguns dos efeitos mais debilitantes da esclerose múltipla.

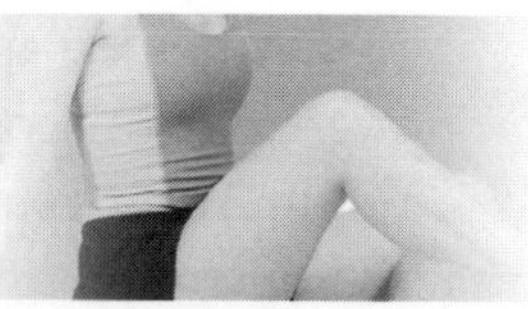

Tratamentos de saúde abrangentes

Com toda a atenção concentrada numa abordagem completa do bem-estar, tem havido mais tentativas de unir a medicina convencional e as terapias alternativas. Em 1982, quando pela primeira vez eu trouxe um esteticista para meu consultório, eu sabia que cuidar de verdade da saúde envolvia um programa completo de saúde e bem-estar – um programa que tratasse não só os sintomas, mas a infinidade de causas das nossas angústias médicas e da beleza. Mais tarde, quando abri o *Spa* Murad, chamei um acupunturista e um nutricionista para se juntarem a mim. Esse conceito de saúde inclusiva que trata de todas as questões que envolvem o bem-estar é a única maneira de lidar verdadeiramente com nossas preocupações médicas e de beleza.

Hoje, saúde e beleza andam juntas, enquanto os *spas* com cada vez mais freqüência propõem uma abordagem que leva em conta como a beleza é importante para nossa sensação de bem-estar. Sentir-nos bem a respeito de nossa aparência é tão importante quanto estarmos em boa forma. As pessoas que são mais tranqüilas, mais conectadas com outras, que comem corretamente e se exercitam são mais saudáveis e mais atraentes como resultado disso. Saúde e bem-estar inclusivos também contribuem para prevenir infecções e inflamações que levam ao agravamento de doenças como a celulite.

Autocuidado

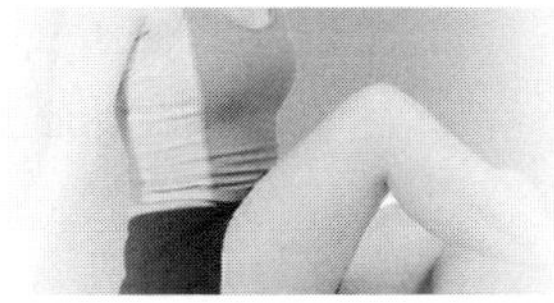

Claro que há mais coisas necessárias para remover o estresse da nossa vida além de mergulhar num banho com fragrâncias ou fazer massagem relaxante. Se fosse tão simples, muitas das doenças causadas por estresse que vemos todos os dias na nossa sociedade sumiriam. A melhor maneira de manter nossas vidas livres de estresse é evitar que ele chegue a aparecer.

O autocuidado emocional é um fator tão importante na saúde e na beleza quanto ingerir os nutrientes corretos. Cuidar de si mesma de verdade inclui examinar sua vida de uma maneira completa e honesta e fazer as mudanças necessárias. Há questões que continuamente estressam seus dias? Elas devem ser tratadas se você quer obter saúde inclusiva. Uma vida estressante não é saudável. Por outro lado, se você vive uma vida prazerosa, na qual há tempo para observar sua própria beleza e a do mundo a seu redor, a saúde acompanha. Relações significativas com outros, tempo para relaxar e para renovar-se e o fato de estar envolvida em atividades pelas quais você tem paixão estimulam a saúde de uma maneira que tratamentos convencionais, sozinhos, não são capazes.

Uma das maiores angústias da nossa sociedade é o isolamento. Muitas vezes estamos tão envolvidos com nossa carreira e com nossa rotina que temos muito pouco contato com os outros. A maior parte das culturas do mundo acredita que isolamento é uma das maiores causas de enfermidades. Uma matéria no prestigioso periódico *Science* reviu sessenta estudos sobre esse assunto e concluiu que as relações sociais estão intimamente relacionadas à saúde, à longevidade e à recuperação de doenças. E as pessoas que sentem falta de uma comunidade correm mais risco de sofrer a maior parte dos problemas de saúde. Na verdade, a comunidade pode ser considerada a primeira panacéia do mundo.

Uma pergunta que sempre faço às minhas pacientes quando elas parecem estar entediadas ou isoladas é: "Se você não tivesse nada para fazer amanhã, o que você faria?". O que quer que seja, sempre tem alguém lá fora com os mesmos interesses querendo dividi-los com pessoas parecidas. Se minha paciente diz que leria um livro, sugiro que entre num clube de leitura. Se ela diz que iria a um museu, sugiro que se ofereça como guia voluntária de uma instituição como essa. É esse tipo de atividade em comunidade que pode proporcionar mundos de saúde e vitalidade para nossas vidas internas e externas.

Relações interpessoais e comunidades podem ter várias formas. Eu estimulo as pessoas a descobrir algo por que elas tenham paixão e ir atrás desse algo. Um *hobby* que possa ser compartilhado com os outros, uma atividade ao ar livre, como golfe ou caminhada com um amigo próximo, ou uma abordagem mais estruturada, como um clube ou um grupo de apoio. Buscando a sua paixão, você vai entrar em contato com outros que partilham de seu interesse. Esse contato com os outros depois se desenvolve naturalmente para aqueles que estão abertos a isso. Considerando a profusão de benefícios que resultam de relacionamentos positivos, você não tem nada a perder.

Há alguns aspectos indesejáveis das nossas vidas sobre os quais não temos controle. Precisamos estar cientes deles e não deixar que nos incomodem em excesso. Sempre me dói ver alguém agitado e com raiva por causa de uma vaga no estacionamento ou de um negócio que deu errado, especialmente quando já passou muito tempo desde o ocorrido. Por mais que se enervar seja uma resposta justificável em muitas situações, permanecer nervoso não ajuda nada. E o aumento de estresse prejudica não só nossa capacidade de aproveitar a vida, mas também nossa saúde.

No entanto, podemos mudar uma situação negativa, é do nosso interesse fazê-lo. Pode ser mais fácil permanecer num emprego ou num relacionamento que nos faz sofrer porque estamos acostumados à rotina e temos medo de uma alternativa incerta. Mas é sabido que o estresse em algum momento vai fazer seu estrago na nossa saúde, na nossa aparência e na nossa visão da existência. Mudanças benéficas de vida, ainda que incertas, são cheias de possibilidades interessantes.

Já é admitido que relações interpessoais são parte importante da boa saúde. Há várias formas de envolver-se numa comunidade, desde trabalhar com caridade até passar algum tempo com um amigo próximo. Mesmo o tempo passado num *spa* pode ser usado para compartilhar suas sensações com outra pessoa que lhe dê apoio. Acredito que, mesmo quando não estamos doentes, as atividades em comunidade podem ser um ótimo benefício para nossa saúde e nosso bem-estar. Uma coisa é certa: a alternativa "isolamento" pode causar muito dano.

No início deste livro, mencionei o estudo que foi realizado usando os suplementos que recomendei para tratar a celulite. Era um teste independente e duplo-cego, no qual as pessoas que tomaram os suplementos tiveram 78% de aumento na firmeza da pele em apenas oito semanas. Este estudo envolvia somente tomar suplementos. Imagine a incrível melhora que você vai encontrar acrescentando a minha abordagem de uso de soluções tópicas e mudanças de estilo de vida àquele plano de suplementos.

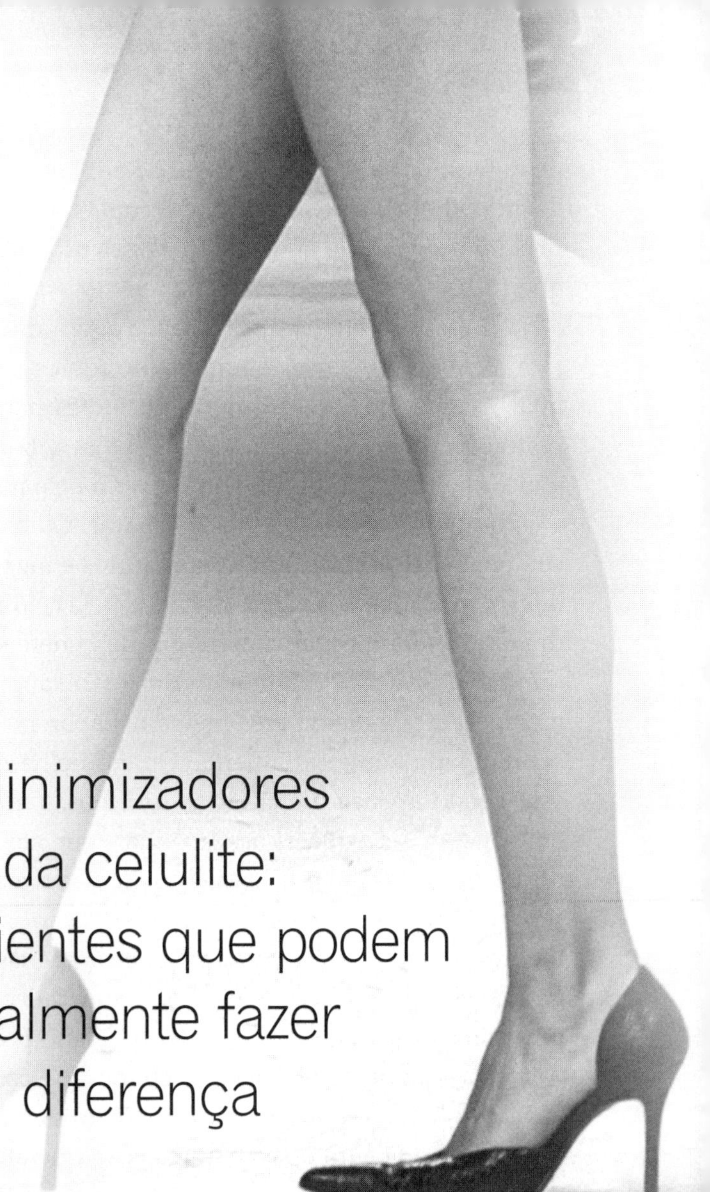

Minimizadores da celulite: ingredientes que podem realmente fazer diferença

Há muitos remédios para celulite no mercado e ainda mais ingredientes ativos que os compõem. É muito fácil se perder em meio a essa fartura. Você sempre vai encontrar pessoas tentando lhe vender um creme milagroso com um novo ingrediente mágico. Como você sabe o que funciona e o que não funciona? Há uma maneira de saber como esses ingredientes estão lidando com a celulite, se é que estão fazendo isso?

Eu avaliei uma ampla gama de tratamentos para a celulite a fim de determinar a real capacidade de aliviar a condição. Agrupei-os pelos ingredientes que os compõem com o objetivo de ilustrar de maneira clara por meio de qual método esses produtos lidam com a celulite e quão eficientes eles podem ser.

É importante lembrar que até agora muito poucos remédios foram além de um simples tratamento tópico (se é que algum o foi), os quais, sozinhos, não são muito eficientes para tratar a celulite. Você pode contar muitos cremes que contêm vitaminas, ervas, minerais e antioxidantes. Os bons podem deixar a pele mais suave, lisa, saudável e com maior capacidade de se reparar. Os melhores cremes também contêm antioxidantes, antiinflamatórios e ingredientes que estimulam o fluxo sangüíneo. As áreas afetadas pela celulite costumam ficar desidratadas e danificadas e precisam de benefícios extras em termos de umidade, proteção e aumento do fluxo sangüíneo. Por meio do aumento da umidade da área afetada, a aparência geral da celulite pode ser reduzida temporariamente. Quando olha para a celulite, você não está vendo apenas o efeito dos furinhos. Também está vendo a pele danificada e seca que os acompanha e que até mesmo perpetua a condição. Se você tratar essa secura e esse dano, a aparência da celulite vai ser minimizada. No entanto, o dano em si e as células de gordura flutuantes dentro da pele irão permanecer apenas parcialmente tratados. Como você sabe, para lidar de forma completa com a celulite e as estrias, precisamos tratá-las tanto por dentro como por fora.

Com muita freqüência, os cremes tópicos desidratam a área afetada pela água "desperdiçada" ao longo de várias semanas ou meses de seu uso. O efeito disso é que a coxa que aloja a celulite realmente, por um breve período de tempo, fica menor. Por associação, achamos que a condição também melhorou. Você já ouviu uma propaganda para celulite que começa assim: "Nosso produto pode resolver a celulite porque realmente diminuímos o diâmetro da sua coxa em três centímetros!"? Como você agora sabe, o tamanho de seu corpo não tem nenhum efeito no fato de a celulite estar presente. Na verdade, embora a remoção da água "desperdiçada" possa diminuir temporariamente o tamanho da área tratada e ajudar a evitar danos futuros e a exacerbação dos furinhos, ela de fato não ajuda a reparar e a reverter a celulite.

Além disso, qualquer tamanho que for perdido será reconquistado tão logo você beba água.

Embora remédios tópicos para celulite possam ser bastante benéficos, eles têm pouco efeito se usados sozinhos. Os cremes não podem realmente penetrar a derme, onde a maior parte do dano está. Cremes e loções em geral alcançam apenas a epiderme, ou a camada superior da pele. Muitos tratamentos para celulite são em grande parte mal-sucedidos porque têm como alvo apenas a aparência externa da celulite. Eles são incapazes de combater completamente o dano onde ele reside. Agora que você entende que os furinhos na superfície da pele são apenas um sintoma de uma causa subjacente, pode ver como o ato de mandar embora nódulos e protuberâncias exige tratamentos de ação mais profunda além dos tratamentos tópicos.

Para realmente fazer o relógio andar para trás e reverter o dano, você precisa ir além de algo apenas superficial. É aí que remédios internos e a tecnologia fazem toda a diferença. Eu recomendo ir além de simples remédios tópicos e utilizar todo o arsenal da ciência e da natureza para combater a celulite e as estrias. Meu conceito de produtos tecnocêuticos inclui uma combinação de remédios tópicos eficientes com tratamentos e fórmulas tecnologicamente avançadas que podem produzir resultados visíveis. Eu incorporo suplementos nutricionais e uma dieta rica em nutrientes que fornecem elementos essenciais para reparar o dano. Essa abordagem ampla é o único método verdadeiramente eficiente de tratar e reparar a celulite e as estrias.

Há nove abordagens diferentes pela qual a celulite e as estrias podem ser reparadas de maneira eficiente. Neste capítulo, destaco cada um desses métodos e então descrevo quais deles os vários remédios para celulite estão empregando. Alguns atacam a celulite por mais de um desses canais, e alguns por nenhum. Lembre-se: esses métodos funcionam em conjunto uns com os outros. Quanto mais deles você empregar, mais sucesso terá em reduzir, prevenir e até eliminar sua celulite.

Nove maneiras de tratar a celulite

1. Fortalecer os vasos sangüíneos/aumentar o fluxo sangüíneo
2. Encorajar a produção de tecido conjuntivo

3. Estimular a produção de colágeno e elastina
4. Atrair água para as células
5. Reparar as membranas das células
6. Reduzir a inflamação
7. Prevenir o dano de radicais livres
8. Reduzir a inflamação
9. Promover a esfoliação

Qualquer ingrediente que não realize uma das nove metas não pode ajudar você com sua celulite de nenhuma maneira real.

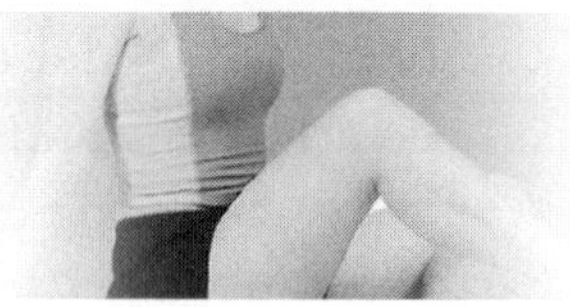

Tratamentos que não funcionam

Embora haja muitos produtos e ingredientes no mercado que ajudam a prevenir a celulite e a reparar o dano que já está presente, há também muitos que fazem afirmações contundentes, mas que provavelmente não terão nenhum efeito nos nódulos e protuberâncias em sua pele porque não empregam um dos nove métodos de tratar a celulite. Há tantos produtos no mercado que é difícil saber o que irá funcionar e o que não irá. Antes de gastar tempo e dinheiro, é sempre uma boa idéia se informar. Abaixo, você irá encontrar descrições de alguns produtos e tratamentos populares que provavelmente não irão proporcionar o benefício que você está buscando, já que não empregam nenhum dos nove métodos para tratar a celulite.

Cirurgia para celulite

Um problema observado em muitos dos tratamentos invasivos para a redução da celulite é que eles costumam danificar outra coisa, em especial a derme. A única abordagem eficiente é o reverso – tornar a derme e os vasos mais fortes e saudáveis.

Cirurgia plástica para celulite

Cirurgias plásticas em geral são realizadas em mulheres que perderam uma quantidade significativa de peso e ficaram com algumas bolsas soltas de pele em excesso. É a técnica mais invasiva para restaurar os contornos firmes e jovens para o corpo. Se você se olhar nua no espelho e puxar a pele sem firmeza dos quadris para esticar a parte superior das coxas e a região abdominal, você consegue remodelar a aparência do seu corpo. As cirurgias plásticas fazem essencialmente a mesma coisa. Cirurgias plásticas na parte inferior do corpo têm como alvo coxas, nádegas, abdome, cintura e quadris. No entanto, elas nada fazem para melhorar a textura e a qualidade da pele. E, embora enrijeçam a pele, não removem a celulite. A desvantagem mais significativa desse tipo de cirurgia invasiva é que as cicatrizes podem ser extensas e a recuperação é mais demorada do que a maioria dos outros procedimentos cirúrgicos cosméticos.

Dieta de desintoxicação

Com freqüência, você ouve a afirmação de que, para se livrar da celulite, precisa passar por uma dieta especial para limpar seu corpo por causa das toxinas causadoras da celulite. Uma toxina pode ser classificada como qualquer substância que cria efeitos irritantes e/ou nocivos no corpo, minando a saúde ou estressando as funções do corpo. A homeostase ocorre quando as funções do corpo estão em equilíbrio. Esse equilíbrio é perturbado quando ingerimos mais do que podemos utilizar e eliminar. Se nosso corpo está funcionando bem, ele pode lidar com nossa exposição básica cotidiana às toxinas, neutralizando-as, transformando-as ou eliminando-as. Por exemplo, muitos nutrientes antioxidantes podem neutralizar moléculas de radicais livres. O fígado ajuda a transformar muitas substâncias tóxicas em agentes inócuos, enquanto o sangue carrega resíduos para os rins – o fígado, por meio da bile, também joga os resíduos nos intestinos para serem eliminados. A melhor abordagem é evitar colocar toxinas no corpo logo de início por meio de uma dieta saudável, limpa e pura, junto com suplementos e escolhas apropriadas de estilo de vida.

Lipólise a laser

A lipólise a laser é uma técnica relativamente nova desenvolvida na Itália. Ela é realizada com injeções e envolve a inserção de um laser de fibra óptica por meio de microincisões que atacam apenas a gordura no corpo. Quantidades de 500 g de gordura podem ser absorvidas e excretadas naturalmente como resíduos pelo corpo. Embora a lipólise a laser não seja projetada para aplicações de alto volume, volumes maiores de gordura podem ser liquefeitos e aspirados por sucção. Como acontece com a lipossucção, este procedimento tem por alvo as células de gordura que não são a causa da celulite.

Lipossucção

Embora a lipossucção possa mudar e melhorar seus contornos naturais, uma mulher que é assolada pela celulite e passa pela lipossucção com intuito de remover a gordura em excesso irá ficar desapontada com os resultados, porque a celulite ainda estará lá. Apesar da lipossucção poder reduzir os depósitos de gordura em áreas resistentes à dieta e aos exercícios, ela é incapaz de afetar a gordura dérmica que causa a celulite. Na verdade, em alguns casos, ela pode fazer os furinhos parecerem piores.

Sistemas de estimulação dos músculos

Sistemas de tonificação de músculos, incluindo a ionitermia, utilizam pequenas correntes elétricas para fornecer um estímulo numa tentativa de enrijecer os músculos. Os tratamentos levam cerca de uma hora e são feitos numa série de dez sessões. Não há evidência de que esses sistemas sejam eficientes nem para reduzir a celulite, nem para tonificar os músculos. Para aumentar a firmeza e a tonicidade dos músculos, treinamento de força com pesos, aeróbica e Ioga devem ser a primeira rota a seguir. De qualquer forma, tonificar os músculos pode fazer seu corpo se sentir melhor; no entanto, ele terá pouco ou nenhum efeito na aparência visível da celulite.

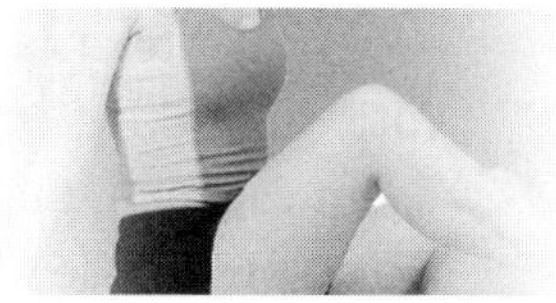

Tratamentos que funcionam

Agora vamos examinar as nove maneiras que podem realmente prevenir e reparar a celulite. É importante lembrar que cada método funciona melhor em conjunto com os outros do que como um tratamento único.

Fortalecer os vasos sangüíneos/aumentar o fluxo sangüíneo

Você pode lembrar que o primeiro estágio da celulite e das estrias é invisível a olho nu. Ele é a quebra dos vasos sangüíneos. Os vasos sangüíneos são caminhos pelos quais os nutrientes essenciais para a força e a saúde alcançam a derme e a superfície da pele. Embora os nutrientes certos sejam incrivelmente importantes, eles não fazem bem nenhum a não ser que possam chegar até as áreas que precisam deles. Sem um conduto uniforme para os antioxidantes, os antiinflamatórios, a água, os construtores de colágeno e elastina etc., a pele não têm como conseguir reforços. Ela, com o tempo, acaba por perder a batalha para a celulite e as estrias. Utilizar ingredientes que tornam os vasos sangüíneos fortes é o primeiro passo em direção a uma pele lisa. Vasos sangüíneos fortes e ativos podem ser conseguidos por meio de certos nutrientes de uso interno, ingredientes de cremes tópicos, bem como de maneira mecânica, por meio de métodos como a escovação da pele.

Estimular a produção de tecido conjuntivo

A segunda abordagem para o tratamento da celulite é estimular a produção da matriz (GAGs), que compõe o tecido conjuntivo do seu corpo. Fornecer ao corpo um suplemento amplo de nutrientes essenciais que criam e restauram essa matriz permite formar um tecido conjuntivo firme e defensor. Ter uma derme forte é essencial na prevenção e no reparo da celulite e das estrias. Como foi dito no Capítulo 1, é o tecido conjuntivo enfraquecido ou corrompido na sua pele, mais especificamente na derme danificada, que permite às células de gordura, que formam a celulite, flutuar na superfície e se transformar em nódulos e furinhos.

Há outra razão muito importante para ter um tecido conjuntivo forte e saudável. O reservatório de água primário para todo seu corpo e, em especial, para sua pele é a derme. Sempre que um órgão em seu corpo precisa de hidratação, ele pode extraí-la da derme, que aloja água extra. Uma derme forte, com GAGs amplos, pode ajudar a manter todas as suas células, do fígado à pele, abastecidas com seu componente ideal de água, dessa forma funcionando no seu melhor ponto.

Três ingredientes são necessários para formar GAGs em seu corpo. O primeiro e mais importante é a glicosamina, que é o elemento essencial dos GAGs. São as vitaminas B e os minerais-traço que seu corpo emprega para metabolizar a glicosamina em GAGs. Assegure-se de que seu corpo tenha um amplo suprimento desses nutrientes a fim de fortalecer sua derme.

Atrair a água para as células

O quarto item importante para o tratamento eficiente da celulite é se assegurar de que todas as células estejam completamente hidratadas. Quando não têm água suficiente, as células ficam bastante enfraquecidas e são incapazes de suportar a pressão da gordura que luta para chegar à superfície da pele. Se você reidratar e revitalizar as células, elas podem se tornar fortes e firmes o suficiente para empurrar as células de gordura formadoras da celulite para onde elas devem ficar, ou seja, para baixo das camadas visíveis da pele.

Células saudáveis e hidratadas compõem uma pele lisa ao tato e bonita aos olhos. As células desidratadas perderam sua capacidade de barreira e não podem mais manter as toxinas fora e os nutrientes dentro. Isso não vale apenas para as células da pele. Aplica-se às células do corpo inteiro. A infusão de água adequada ajuda você a parecer bonita e livre de furinhos. Isso também lhe permite tornar-se mais saudável e menos suscetível à doença.

Estimular a produção de colágeno e elastina

O terceiro método de reverter e reparar a celulite é garantir que seu corpo tenha bastante colágeno e elastina para fortalecer o tecido conjuntivo e mantê-lo forte. Como você sabe, quando a derme é forte e estruturalmente resistente, as células de gordura são incapazes de atravessá-la e aparecerem na superfície. A fim de promover a produção de colágeno e elastina, você precisa fornecer ao corpo a matéria-prima para sua produção. Os elementos essenciais do colágeno e da elastina são os aminoácidos.

Prevenir o dano de radicais livres

O dano de radicais livres decorrente da exposição ao sol, do fumo e de uma dieta pobre causa um prejuízo imensurável aos tecidos. A pele danificada é bem mais suscetível à celulite e às estrias do que aquela que foi protegida desse dano. A única maneira de prevenir e reparar o dano de radicais livres é com o uso de antioxidantes, tanto tópica quanto internamente.

Promover a esfoliação

À medida que amadurecemos, nossa taxa de renovação das células diminui de maneira drástica e ficamos com uma superfície de células mortas na pele, que parece opaca e que não mais proporciona uma barreira adequada contra os elementos e a perda da água. A maneira de combater isso é por meio da esfoliação, da remoção das células mortas da superfície. Isso pode ser feito quimicamente, usando agentes suaves que dissolvem as células mortas, ou mecanicamente, com sabões texturizados ou esponjas e escovas capazes de varrer as células da superfície. Quando você remove as células da superfície da pele, uma mensagem é enviada dizendo ao corpo para criar substitutos. Elas serão células jovens e fortes que não apenas dão uma aparência saudável, como são mais bem equipadas para resistir ao ataque da celulite. É importante lembrar que, quando faz a esfoliação, você não apenas está removendo as células mortas, mas substituindo-as por outras mais fortes. Ao reduzir essas células mortas e ineficazes, você também aumenta e eficiência de tratamentos tópicos aplicados à área.

Reduzir o "desperdício" de água

A água "desperdiçada" causa problemas gerais, tais como inchaço, ganho de peso, edema e olhos inchados. Também interfere na capacidade do corpo de reparar o dano da celulite. As células e o tecido conjuntivo funcionam melhor em conjunto com eles mesmos e uns com os outros. Esse fluido se infiltra entre as células e o tecido conjuntivo e entre as células e outras células, impedindo, dessa forma, que eles se comuniquem e funcionem adequadamente como uma unidade. Ele cria lacunas que as células de gordura podem explorar e pelas quais podem se espremer. Há uma miríade de razões, não apenas a prevenção da celulite, para remover a água "desperdiçada" do organismo e colocá-la onde ela pode ser útil para sua saúde e beleza.

Reduzir a inflamação

Seu corpo responde ao dano destacando nutrientes defensivos para a área afetada. Ele faz isso dilatando os vasos sangüíneos e liberando substâncias químicas específicas. Você pode perceber que, depois de um ferimento ou infecção, sua pele fica quente e vermelha. Na verdade, a vermelhidão que você sente de uma queimadura de sol é resultado da inflamação. Embora isso seja benéfico a curto prazo, a inflamação prolongada causa dano decorrente de radicais livres e a deterioração das paredes das células que está tentando evitar. É por isso que é importante usar ingredientes relaxantes, tanto por aplicação tópica quanto por uso interno, para acalmar a inflamação antes que ela comece a fazer mais mal do que bem. Felizmente, antiinflamatórios estão disponíveis de forma ampla numa variedade de produtos.

Reparar as membranas das células

Se você fornecer às células do corpo os materiais de que elas precisam para reforçar suas paredes, todas elas terão a quantidade ideal de água e funcionarão da melhor forma. Cheia de células saudáveis, a pele será forte, jovem e mais capaz de manter a água e absorver nutrientes de outras fontes. Nesse ponto, você pode perceber a natureza cíclica da minha solução para celulite. Cada método de tratar a celulite tem seus próprios benefícios específicos na redução dos furinhos e cada um aumenta de maneira simbiótica a eficiência dos outros.

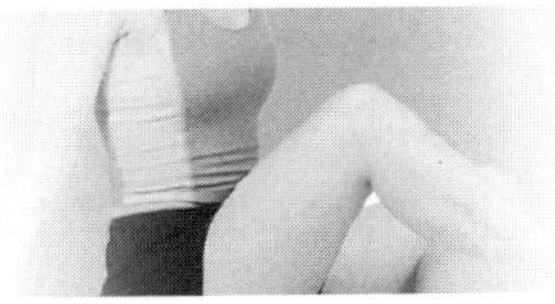

Tratamentos de celulite

Muitos dos seguintes ingredientes são óleos essenciais e extratos botânicos. Até mesmo alguns agentes botânicos e antibacterianos podem causar reações em peles sensíveis. Para descobrir se você tem uma reação negativa, faça um teste numa área pequena no antebraço antes de usar produtos numa área grande do corpo.

Ácido alfalipóico

O ácido alfalipóico (ALA) é um potente antioxidante e antiinflamatório solúvel em gordura e água. Isso o torna diferente da maioria dos outros antioxidantes tópicos, que são solúveis apenas em gordura ou em água. O ALA penetra as células da pele com facilidade pela membrana destas, rica em lipídios, e, uma vez dentro da célula, continua a ser eficiente devido à solubilidade na água. Este ácido tem um efeito protetor nas vitaminas E e C, dessa forma amplificando as capacidades antioxidantes no corpo. O ALA é elogiado como um composto antioxidante superior. No entanto, há poucos dados sobre os efeitos do ácido alfalipóico na pele humana. Sua função primária é como um antiinflamatório. Pode ser usado para suavizar estrias pigmentadas e tem sido usado para distúrbios pigmentares.

Ácidos graxos essenciais (AGEs)

Os ácidos graxos essenciais são tão vitais que já foram referidos como vitamina F. Eles têm capacidades hidratantes incríveis em cremes tópicos e, quando ingeridos, ajudam a fortalecer as membranas das células e a atrair água para estas. Peixes de água fria e linhaça são excelentes fontes alimentares de AGEs.

Alfa-hidroxiácidos (AHA) e beta-hidroxiácidos (BHA)

Os seguintes hidroxiácidos são comumente usados em produtos cosméticos:

- ácido cítrico (AHA)
- ácido glicólico (AHA)
- ácido láctico (AHA)
- ácido málico (AHA)
- ácido salicílico (BHA)
- ácido tartárico (AHA)

Certas formulações de produtos de AHA podem ampliar a taxa de renovação das células e aumentar a espessura da epiderme. O efeito depende do nível de pH ou da medida de acidez do produto, da concentração do AHA, do creme ou do purificador veículo do AHA, bem como do produto usado (por exemplo, a freqüência e a quantidade de uso no lugar da pele onde é aplicado). Ao acelerar a esfoliação, o uso tópico dos hidroxiácidos faz com que a pele pareça mais lisa. O ácido láctico é comumente encontrado no leite, nos picles e em outras comidas feitas pela fermentação bacteriana. Ele ajuda a reduzir os efeitos do fotoenvelhecimento e desempenha papel importante no tratamento da pele danificada pelo sol. Os ácidos glicólico e salicílico são meus agentes favoritos para aumentar a taxa da renovação das células e revelar uma pele mais jovem. Os hidroxiácidos constituem uma das soluções mais populares para liberar resíduos celulares incrustados nos poros e remover a camada mais externa de pele morta. A esfoliação consistente reduz a pele morta que se acumula, produzindo uma vitalidade permanente na textura e na qualidade da pele. Se você parar de usar hidroxiácidos, sua pele irá gradualmente reverter para a freqüência de renovação lenta normal.

Aloe vera

O suco e o óleo de aloe vera são extraídos da planta chamada Babosa, encontrada principalmente em climas ensolarados. As folhas armazenam grande quantidade de água. O extrato melhora a hidratação e é relaxante e curativo para todos os tipos de pele. Ele é composto de água, das enzimas catalase e celulose, de minerais como cálcio, alumínio, ferro, zinco, potássio, magnésio e sódio, bem como de aminoácidos. É conhecido pelas propriedades curativas e antiinflamatórias. A aloe vera é usada de maneira segura e bem-sucedida como antiinflamatório e agente hidratante e igualmente como ingrediente comestível e em aplicações tópicas.

Aminofilina – Veja metilxantinas.

Argila verde

A argila verde é ocasionalmente apregoada como solução para a celulite. Ela contém muitos minerais-traço de que o corpo precisa para metabolizar nutrientes em um novo tecido. Em teoria, esses minerais devem ser eficientes tanto quando aplicados topicamente como quando ingeridos, todavia mais estudos precisam ser feitos sobre isso para termos certeza.

Aveia betaglicana

A aveia betaglicana é um ingrediente usado em cremes tópicos. Ele firma a pele por meio do contato, melhorando imediatamente a aparência da pele flácida ou desigual.

Bioflavonóides

Os bioflavonóides são um grupo de compostos que consiste em potentes derivativos de plantas. Eles têm atributos terapêuticos antiinflamatórios e notáveis poderes antioxidantes.

Cafeína – Veja metilxantinas.

Capim-santo, capim-limão ou erva-cidreira (*Cymbopogon citratus*)

O capim-santo é um ingrediente presente em preparados para tratar da acne, da celulite e de outros problemas relacionados à pele. Ele tem propriedades adstringentes, anti-sépticas, antiinfecciosas e antifúngicas. É bom para o cabelo, o rosto e o corpo. Pode melhorar a tonicidade muscular e reduzir o suor excessivo e os poros alargados. Estimula a hidratação e a desintoxicação linfática, fortalece o tecido conjuntivo e pode enrijecer a elastina.

Carnitina (L-Carnitina)

A carnitina é uma substância encontrada naturalmente no corpo, usada para transportar ácidos graxos para as células, onde eles são metabolizados. Ela tem, portanto, a dupla função de queima de gordura e de fortalecimento da célula.

Castanheira-da-índia (*Aesculus hippocastanum*)

Também chamado escina, este nutriente é derivado das sementes da castanheira-da-índia. A esculina é um excelente antiinflamatório. E o mais importante: tem a capacidade de melhorar o fluxo sangüíneo ao preencher buracos microscópicos em vasos sangüíneos. Ao reforçar essas veias, a esculina também previne o dano futuro do sistema circulatório.

Centella asiática

Também chamada de *gotu kola* e erva-de-tigre, essa planta é uma excelente vasodilatadora e fortalecedora dos vasos sangüíneos. Além disso, aumenta o fluxo sangüíneo, permitindo, dessa forma, uma melhor absorção de nutrientes. Com freqüência, é usada como diurético, antioxidante e antiinflamatório e facilita as ações dos antioxidantes vitaminas C e E em áreas onde há dano. Recebe o apelido de erva-de-tigre porque tigres feridos com freqüência se esfregam contra ela para curar suas feridas.

Chá vermelho, preto, verde (*Camelia sinensis*)

O chá vem de folhas e ramos de plantas cultivadas principalmente na China, no Japão, no Sri Lanka e em outros países asiáticos. O chá é um estimulante leve, suas propriedades tônicas se devem à concentração de cafeína. Topicamente, é usado para reduzir o inchaço em áreas afetadas pela celulite. O chá verde também contém polifenóis, antioxidantes poderosos que funcionam principalmente na pele. Acredita-se que esses antioxidantes possam ser capazes de inibir câncer em alguns casos. Por exemplo, a administração tópica de chá verde tem mostrado resultado na redução de tumores que ocorrem em seguida à radiação UVB.

Coenzima Q_{10}

A coenzima Q_{10}, também chamada de ubiquinona ou ubidecarenona, é um poderoso antioxidante. Ela tem demonstrado ser capaz de aumentar a resistência a doenças e fortalecer o coração. Sua função primária é criar, nas células do corpo, uma substância conhecida como ATP, que é vital para a energia. Ela também tem grandes capacidades antioxidantes, que funcionam especialmente bem no coração e nos vasos sangüíneos. Essa substância dinâmica também se revelou uma grande promessa em estudos de prevenção de doenças do coração, de câncer e aids. Ela é capaz de ampliar o efeito antioxidante das vitaminas C e E.

Dimetilaminoetanol (DMAE)

Fórmulas tópicas que contêm DMAE têm sido elogiadas por sua capacidade de melhorar a firmeza da pele e levantar a pele flácida.

Erva-doce (*Pimpinella anisum*)

A erva-doce é usada tanto como diurético quanto como antiinflamatório em algumas fórmulas para celulite. Há poucos estudos sobre sua eficácia.

Extrato de hera (*Hedera helix*)

A hera é uma planta trepadeira com folhas verde-esmeralda amplamente usada em produtos de banho e para o corpo por suas propriedades relaxantes e antiinflamatórias.

Extrato de hortelã (*Mentha piperita*)

O extrato de hortelã é ocasionalmente usado em produtos cosméticos por suas propriedades aromáticas e antiinflamatórias.

Extratos marinhos

A alga, derivada de uma planta marinha, é usada por suas propriedades antiinflamatórias na pele. Ela é rica em minerais e tem sido empregada para abastecer a glândula tireóide com iodo em algumas instâncias. Pode ser empregada para hidratar a epiderme.

Acredita-se que nutrientes presentes nas algas, como o iodo, possam nutrir a pele e proteger as fibras de elastina.

Os sais marinhos secos suavizam a pele e podem ser usados para esfoliação. As pessoas viajam para todo lugar para se banhar em termas quentes, estações minerais e no Mar Morto, em Israel, por causa de suas composições minerais únicas. Termas quentes minerais naturais são também bastante populares no Japão por seus benefícios curativos e relaxantes.

Gengibre (*Zingiber officinale*)

Ocasionalmente você verá o gengibre sendo usado num "sabonete para celulite" ou como escova para estrias. Embora ele tenha propriedades anti-sépticas, sua ajuda real em relação à celulite são os benefícios antiinflamatórios.

Gilbarbeira (*Ruscus aculetus*)

A gilbarbeira é uma planta nativa da região do Mediterrâneo. Suas espinhas já foram populares na fabricação de vassouras. Extratos das raízes dessa planta parecem ter a capacidade de fortalecer e tonificar os vasos sangüíneos, motivo pelo qual é um tratamento popular, na Europa, para veias varicosas e hemorróidas.

Ginkgo-biloba (*Salisburia adiantifolia*)

O ginkgo aumenta o fluxo sangüíneo por todo o corpo, expandindo o alcance de quaisquer nutrientes no alimento que você ingere. Ele também é um antioxidante potente.

Guaraná (*Paullinia cupana*)

A planta do guaraná é nativa do Amazonas. Ela é útil em tratamentos para celulite por causa de sua capacidade de aumentar o fluxo sangüíneo ao dilatar os vasos. Estudos também descobriram que o guaraná tem certa atividade antioxidante no corpo.

Lecitina

A lecitina é derivada da gema do ovo, da soja e do milho, entre outras fontes. Quando tomada regularmente, ajuda o corpo a reparar e fortalecer suas membranas. Se usada topicamente, tem efeito suavizante e relaxante na pele e é considerada um antioxidante e emoliente natural. Os emolientes fazem a pele parecer mais suave e lisa, reduzindo a aspereza, as rachaduras e a irritação.

Lycium barbarum

Lycium barbarum é como uma reunião de todos os métodos de combater a celulite numa única e deliciosa fruta. É uma excelente fonte de ácidos graxos essenciais, antioxidantes e antiinflamatórios. Contém 18 aminoácidos e 21 minerais-traço.

Madeira de cedro

Essa substância botânica é considerada um anti-séptico com propriedades tônicas e antifungais. Ela é usada para reduzir a oleosidade e as manchas, como um adstringente natural, como tratamento para eczema, sarna, inflamação, caspa, perda de cabelo, cabelo seco ou oleoso e para suavizar a pele. Como tônico linfático, diz-se que ajuda na remoção da gordura do corpo e atua como estimulante do sistema circulatório.

Manjericão (*Ocimum basilicum*)

Derivado das copas floridas e das folhas da planta, o extrato de manjericão é usado para aliviar a dor e os espasmos musculares, assim como para estimular o fluxo sangüíneo. É também conhecido por suas propriedades restauradoras e antiinflamatórias.

Metilxantinas

Basicamente, trata-se de uma família de diuréticos que, com freqüência, são usados para tratar a celulite. Quando aplicadas topicamente, essas substâncias desidratam a área tratada. Com o uso repetido, a área se torna menor por causa da perda de água. Essa diminuição é apenas temporária – quando o uso é descontinuado, qualquer água que ingerimos é reabsorvida na região. Embora as metilxantinas não tenham efeitos permanentes sobre a celulite, elas podem minimizar temporariamente sua aparência.

As metilxantinas incluem a aminofilina, um diurético sintético; a cafeína, presente na noz-de-cola, em grãos de café, chá, guaraná e mais de 60 espécies de planta; a teofilina, derivada das folhas de chá; e a teobromina, derivada de sementes da planta de cacau, presente no chocolate.

Minerais-traço

O zinco, o manganês, o cobre, o selênio, o magnésio, o boro, o cromo, o molibdênio, o silício e o vanádio são chamados de minerais-traço porque nossos corpos precisam apenas de uma quantidade muito pequena deles para funcionar de maneira adequada. Todos os minerais-traço são necessários para o metabolismo de nutrientes. Sem eles, não poderíamos quebrar e utilizar antioxidantes e antiinflamatórios. Nem seríamos capazes de converter a lecitina e os AGEs em membranas das células, a glicosamina em tecido conjuntivo ou aminoácidos em colágeno e elastina. Os minerais-traço são uma parte vital de qualquer tratamento para celulite e para a saúde geral. O zinco relaxa a pele e também auxilia na cura de ferimentos, queimaduras e cicatrizes. Na pele, o zinco promove a divisão, o reparo e o crescimento das células.

Óleo de borragem (*Borago officinalis*)

Derivado de semente de borragem, que cresce com abundância na região mediterrânea, na Europa Central e na Ásia, o óleo de borragem tem uma quantidade extremamente alta de ácido gamalinoléico (um ácido graxo essencial). O AGL é vital para a síntese de prostaglandina, substância necessária para todo tipo de funções no corpo. O óleo de borragem tem uma concentração muito alta de ácidos graxos essenciais não-saturados, os quais são ótimos condicionadores e umectantes da pele, regulando sua hidratação. Embora mais estudos precisem ser feitos, o ácido gamalinoléico pode também ter propriedades antiinflamatórias benéficas.

Peptídeo de cobre

Um peptídeo é um aminoácido. Os aminoácidos, por sua vez, são elementos essenciais do colágeno e da elastina. O cobre é um mineral-traço que ajuda o corpo a converter aminoácidos no tecido conjuntivo. Em teoria, os peptídeos de cobres devem ser excelentes fontes da produção de colágeno e elastina, mas ainda são necessários mais estudos sobre essa substância.

Pimenta-caiena ou pimenta-vermelha (*Capsicum sp*)

O ingrediente ativo na pimenta-caiena é uma substância picante conhecida como capsaicina. A capsaicina parece alterar a ação do composto corporal (conhecido como substância P), que transfere as mensagens de dor do cérebro, reduzindo a dor e a inflamação ao colocar em curto-circuito essa mensagem. Administrada topicamente, ela estimula a área tratada e é usada para aumentar o funcionamento das células e o fluxo sangüíneo.

Pinho (*Pinus eliotis*)

O óleo de pinho é derivado da destilação a vapor da madeira dos pinheiros. É usado por suas propriedades desinfetantes, antiinflamatórias e diuréticas. Também estimula a circulação.

Retinóides (Retin-A, Retinol, Palmitato de retinol)

O uso tópico de retinóides por um período extenso de tempo tem o efeito temporário de deixar a derme mais espessa e fortalecê-la, tornando mais difícil para a celulite forçar sua passagem por ela. Há alguma evidência de que os retinóides também aumentam o fluxo sangüíneo para a área tratada.

Romã (*Punica granatum*)

A romã é minha fonte favorita de antioxidantes. Quando aplicado sobre a pele, o extrato de romã tem o efeito de prevenir câncer de pele em ratos de laboratório. É provavelmente a fonte de polifenóis mais prolífica do mundo. Essa é uma poderosa família de antioxidantes que funciona principalmente na pele. Eles são encontrados nas sementes de uva e chá verde, mas de maneira mais abundante na romã. Ela também é muito atuante no sentido de aumentar o efeito dos protetores solares.

Semente de uva (*Vitis vinifera*)

O extrato de semente de uva tem a capacidade de inibir as enzimas colagenase e elastase, que quebram o colágeno e a elastina. Evitar logo de início que esse dano aconteça é muito mais eficiente do que reparar seus efeitos depois. O extrato de semente de uva também contém grande quantidade de polifenóis, uma família de antioxidantes particularmente ativa na pele.

Sempre-viva (*Ginero anaphalis* e *Gnaphalium*)

Essa planta é um antiinflamatório com freqüência usado em óleos de aromaterapia e em tratamentos tópicos para todos os tipos de distúrbios da pele, incluindo a celulite e as estrias.

Toranja (*Citrus Grandis*)

O óleo e o extrato de toranja têm sido usados para a fadiga muscular, rigidez, acne, retenção de fluidos e enrijecimento da pele e também como anti-sépticos e adstringentes. Eles são igualmente elogiados por ajudarem no crescimento do cabelo e na redução da celulite. Além de aumentar a circulação e estimular o sistema linfático, a toranja pode ajudar a equilibrar o peso do corpo com o uso regular. Também é uma boa fonte de vitamina C.

Trevo-cheiroso (*Melilotus officinalis*)

O trevo-cheiroso estimula o fluxo sangüíneo e diminui a inflamação no sistema vascular. A planta do trevo produz floradas abundantes que são usadas em óleos e extratos herbais.

Unha-de-gato (*Uncaria tormentosa*)

A unha-de-gato é uma trepadeira grande, nativa das Américas do Sul e Central. Ela recebe esse nome por causa dos espinhos em gancho semelhantes a garras que crescem ao longo da vinha. Ela tem sido usada como antiinflamatório por indígenas há milhares de anos e, nos últimos tempos, tem sido usada com sucesso para estimular os sistemas imunológicos dos pacientes de câncer. A unha-de-gato é também um antioxidante e descobriu-se que ela aumenta o fluxo sangüíneo por todo o corpo ao dilatar os vasos sangüíneos.

Vitaminas do complexo B

O complexo B compreende oito vitaminas, intituladas: B_1 (tiamina), B_2 (riboflavina), B_3 (niacina), B_5 (ácido pantotênico), B_6 (piridoxina), B_{12} (cobalamina), B_8 (biotina) e B_9 (ácido fólico). As vitaminas do complexo B proporcionam efeitos condicionantes cumulativos quando usadas regularmente por períodos prolongados. A forma tópica da niacina mostra-se promissora como ingrediente sem contra-indicações para produtos antienvelhecimento.

Um derivado da niacina, a nicotinamida (vitamina PP), teve comprovado seu poder de melhorar a capacidade da epiderme de reter umidade. Descobriu-se que a nicotinamida de uso tópico produz uma pele mais suave e lisa com menos secura e escamosidade, bem como com uma redução das linhas finas. Esses são benefícios que podem ser úteis para pacientes com dermatite ou pele seca e irritada. Também é útil para tratar a pele envelhecida, que com freqüência se torna seca e escamosa. A niacinamida, outro derivativo da niacina, tem se revelado um agente eficiente de clareamento da pele. Ela também tem propriedades antiinflamatórias, que fazem dela um tratamento potencial para a acne e a rosácea. As vitaminas B ajudam a metabolizar nutrientes não-processados em novo tecido conjuntivo e nas membranas das células.

Vitamina C (ácido ascórbico, ascorbil fosfato de magnésio)

A vitamina C trava uma batalha de três frentes contra a celulite e o dano da pele. Primeiro, ela representa um papel importante na síntese de colágeno, o qual tem o efeito de tornar firme a pele. A vitamina C quebra a colagenese e elastinase, duas substâncias que ocorrem naturalmente no corpo e que atacam o colágeno e a elastina. Também é um antiinflamatório natural que ajuda a reverter alguns dos efeitos do dano causado pelo sol. Por fim, é um poderoso antioxidante que se provou especialmente eficiente no combate ao dano de radicais livres na pele.

Vitamina E (*Tocoferol*)

A vitamina E, tanto quando aplicada topicamente como quando ingerida, é um antioxidante solúvel em gordura muito poderoso. Isso significa que ela pode atravessar com facilidade as membranas de células ricas em gordura de nossos corpos, protegendo as paredes das células de danos de radicais livres. A vitamina E também é um excelente agente hidratante e selante quando usada em cremes de aplicação tópica.

Zimbro (*Juniperus communis*)

O fruto do junípero e seu extrato são ricos em vitamina C. Eles têm sido usados para tratar da dor e de inflamação da artrite e de veias varicosas e para aumentar a circulação.

Tratamentos antifurinhos

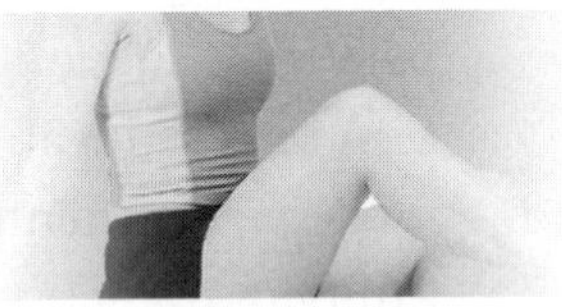

Muitos tratamentos populares dizem ser capazes de reduzir a celulite e as estrias. Eles variam quanto a técnicas de embrulho do corpo e massagens a caros procedimentos cirúrgicos.

O que não foi medido é o impacto que algumas dessas terapias podem ter sobre seu bem-estar e sua psique, o que também é de importância vital. Por exemplo, embora a drenagem linfática possa não ser a panacéia definitiva para as "coxas de queijo cottage", ela pode muito bem fazer você se sentir relaxada, revigorada, elegante e sexy. Esse tópico foi discutido em detalhes no Capítulo 7. Acredito muito em fazer qualquer coisa que lhe dê uma boa sensação, que proporcione prazer e não faça mal. Ficar livre dos furinhos mas infeliz não é uma boa troca. Quero que você fique lisinha, mas também feliz consigo mesma.

Abrasão ou esfoliação

A abrasão química usa uma forte concentração de agentes químicos esfoliantes para reavivar a pele. Novas células feitas pela derme remanescente resultam numa superfície recém-curada e, *voilà*... uma pele mais saudável e mais radiante é revelada. As abrasões químicas são flexíveis e podem ser adaptadas a vários níveis, dependendo de quão profunda você quer que seja a esfoliação e quão sensível é sua pele. O ácido glicólico é comumente usado e é em geral mais seguro do que o ácido tricloroacético (TCA). As esfoliações com TCA podem penetrar mais fundo na pele para destruir e remover as camadas externas. Elas funcionam, na verdade, danificando a pele até o ponto em que o corpo precisa construir novas faixas de colágeno e elastina. Você pode sentir uma sensação de queimadura ou picada e pode ocorrer um inchaço moderado das áreas tratadas, por cerca de uma semana, e uma casca de ferida mínima. Uma cura e um fortalecimento posterior da nova pele ocorrem nas semanas seguintes a uma esfoliação com TCA. Embora isso vá funcionar para engrossar e firmar a derme, o efeito é temporário e há um risco de deixar cicatrizes. Esse risco é minimizado quando o ácido glicólico é usado em lugar do TCA.

Drenagem linfática manual

O sistema linfático é o sistema de eliminação de resíduos do corpo. Ele age como uma defesa natural, limpando as bactérias, os resíduos de células, a água em excesso, a proteína e os resíduos do tecido conjuntivo e devolvendo-os ao fluxo sangüíneo para uma remoção definitiva pelos rins. Muitos processos imunológicos ocorrem nos nódulos linfáticos. Se os caminhos ficam congestionados, danificados ou cortados, então os fluidos podem se acumular no tecido conjuntivo, levando a edema, inchaço e inflamação. Se há quaisquer anormalidades nos tecidos (como resultado, por exemplo, de inflamação crônica, cirurgia recente, congestão), o sistema linfático transporta as células danificadas, as substâncias inflamatórias e a água "desperdiçada" para longe da área. Quanto mais rápido isso acontece, mais rápida é a recuperação.

A drenagem linfática manual, a técnica da massagem linfática suave, amplifica e estimula o sistema linfático para remover resíduos mais rapidamente em torno das células e nos tecidos, mandando-os de volta ao sistema linfático para remoção e limpeza.

O dr. Emil Vodder desenvolveu a DLM na França, nos anos de 1930. Ele inventou uma técnica de massagem para estimular o bombeamento do sistema linfático com gentis círculos estacionários nos nódulos linfáticos. A DLM age no sistema nervoso, alisa os músculos e aumenta o movimento do fluido no tecido conjuntivo. Ela envolve um toque lento e rítmico aplicado pelo terapeuta na forma de uma massagem leve, que pode ser bem relaxante. Ela também tem um efeito calmante e redutor do estresse que pode diminuir a dor.

Para o tratamento da celulite, o terapeuta primeiro avalia a condição da pele: cor, textura, temperatura, umidade e elasticidade. O próximo passo é examinar o contorno dos quadris e das pernas em busca de espessamento da pele, sulcos, nódulos e cicatrizes visíveis que atravessem os vasos linfáticos e possam obstruir a drenagem linfática. Ele examina as veias visíveis, procurando por vermelhidão, inchaço, calor e dor. A drenagem linfática é muito útil antes e depois de uma cirurgia cosmética para diminuir ferimentos, edemas e inflamações. Os efeitos são apenas temporários e não demonstraram reduzir os furinhos a longo prazo, mas podem proporcionar benefícios relaxantes.

Dispositivos eletrônicos anticelulite

Esses são alguns tratamentos não-invasivos, não-cirúrgicos para irregularidades dos contornos da pele que são aprovados pelo FDA para a "redução temporária no surgimento da celulite". Uma unidade é um dispositivo de aspiração que cria sucção para imobilizar temporariamente o tecido gorduroso e levantá-lo, enquanto rolos duplos realizam uma massagem profunda e subdérmica no tecido conjuntivo. Isso estica o tecido conjuntivo, aumenta o fluxo sangüíneo e linfático e esfolia a pele.

As sessões levam de 45 a 90 minutos e têm sido descritas como uma sensação igual a uma massagem rigorosa. O plano de tratamento típico exige de 10 a 20 sessões, e sessões de manutenção de uma vez por mês, por um período indefinido de tempo. Se os tratamentos são interrompidos, a superfície da pele e a tonicidade revertem para seu estado original.

Os tratamentos podem fazer você se sentir revigorada, mas os resultados a longo prazo nunca foram estabelecidos nem em termos clínicos, nem em termos científicos. Esses dispositivos são também usados como auxiliar da lipossucção para alisar imperfeições potenciais que ocorrem com a redução de um volume grande de gordura. Eles podem causar feridas e danos à derme.

Escovação de pele

A escovação de pele é uma técnica simples que estimula o fluxo sangüíneo e linfático, remove as células mortas da pele e ativa o crescimento de outras novas. Você precisa apenas de uma esponja ou de uma escova de corpo com cerdas naturais, em vez de sintéticas, e um longo cabo ou faixa para que possa alcançar as costas e as nádegas. Para trabalhar todo seu corpo, comece pelos pés e vá subindo. Escovar todo o corpo dessa forma leva de três a cinco minutos, dependendo de quantas passadas você dá em cada área. Dedique uma atenção especial a áreas sujeitas à celulite, usando pequenos movimentos circulares. É melhor fazer isso de manhã – a aceleração resultante do fluxo sangüíneo pode ser bastante revigorante. A diferença na pele pode ficar visível depois de apenas algumas sessões – ela fica suave e desenvolve um brilho rosado. A escovação seca da pele deve ser feita de maneira suave, sem esfregões duros ou rigorosos que possam danificar a pele. A escovação excessiva faz com que a pele fique vermelha e irritada.

Tratamentos que estimulam o fluxo sangüíneo para a pele podem ter efeitos benéficos quando combinados com outros princípios de cuidado interno e externo da pele. Embora não haja vasos sangüíneos na epiderme, a derme é rica em vasos sangüíneos e a epiderme recebe seu suprimento de nutrientes e oxigênio da derme. Os vasos sangüíneos na derme são uma continuação de vasos sangüíneos maiores localizados mais fundo no corpo e que se ramificam em vasos menores conforme atingem a superfície da pele. A escovação pode ajudar a estimular esses vasos.

Iontoforese

Dispositivos de iontoforese são produtos de prescrição médica que usam correntes elétricas para suprir sais minerais diretamente para o corpo. Com os nutrientes certos, esse método pode potencialmente ser usado para tratar a celulite. No entanto, o único uso aprovado da iontoforese é para diagnosticar a fibrose cística ou mucoviscidose.

Lasers não-ablativos

Ao apontar esses lasers para a área afetada, as faixas de colágeno e elastina ficam aquecidas e se movem para mais perto da superfície. Isso tem o efeito de firmar a derme da pele e aplainar algumas imperfeições. Esses lasers podem também aumentar a distância entre a derme e a gordura que causa a celulite. Os resultados deste tratamento são temporários.

Massagem de tecidos profundos

A massagem de tecidos profundos consiste em pancadas lentas para criar microlacerações na fáscia superficial. Isso deixa o tecido mais comprido e liso. A massagem profunda também solta o tecido conjuntivo, de maneira que ele se move de forma mais livre e não mais se prende às estruturas subjacentes. A massagem profunda seguida de drenagem linfática e alongamento adequado pode também tornar a fáscia superficial mais flexível. A estimulação concorrente dos vasos sangüíneos amplia o fluxo sangüíneo na área, aumentando assim a nutrição dos tecidos.

A massagem não remove nem diminui as células de gordura. Ela pode melhorar a condição e a aparência da pele, reduzir adesões e cicatrizes problemáticas e aumentar a circulação de nutrientes para os tecidos. Quando a massagem profunda é forte demais, ela também danifica os vasos sangüíneos, o que elimina os benefícios para a redução da celulite. Como as áreas afetadas pela celulite podem já ser sensíveis, você eventualmente irá sentir que está sendo aplicada pressão em demasia. A massagem profunda proporciona relaxamento e, se feita de maneira adequada, pode estimular os vasos sangüíneos e reduzir a rigidez.

Um exemplo de massagem faça-você-mesmo

Comece dando pancadas suaves com uma pressão firme e moderada, tomando cuidado para não pressionar com força demais a fim de não quebrar os vasos capilares e se ferir. Você pode se massagear a qualquer hora do dia, mas é melhor esperar ao menos duas horas depois de comer. A hora mais conveniente para a maioria das mulheres é depois do banho – e de preferência um que inclua uma escovação do corpo vigorosa com uma luva de fricção com esponja. Um banho é relaxante e a massagem é mais benéfica quando você está relaxada. Massagear áreas da celulite uma ou duas vezes por dia melhora a circulação sangüínea e linfática e minimiza a aparência dos nódulos de gordura duros. Aplique um creme hidratante ou óleo na área a ser massageada, de forma que suas mãos possam deslizar suavemente pela pele. Use o polegar e os dedos para agarrar a pele e a camada de gordura embaixo dela. Então massageie em pequenos movimentos circulares como se estivesse amassando pão. Em seguida, massageie ao redor da pele usando a base da palma da mão, trabalhando em manobras longas e abrangentes em direção ao coração. Como opção, tente um massageador de mão especial, que deve ser usado com óleo ou loção para evitar a fricção excessiva e a quebra dos vasos capilares.

Mesoterapia

Mesoterapia são microinjeções de medicação convencional ou homeopática e/ou vitaminas no meio da derme, a fim de suprir tratamento curativo ou corretivo para uma área específica do corpo. Injeções de várias substâncias, de vitaminas a remédios e anestésicos, são usadas para muitas doenças e problemas de saúde, incluindo a redução da celulite. No momento presente, não há estudos clínicos substanciais para comprovar se esta técnica é uma cura para a celulite. A mesoterapia é administrada diretamente na área desejada do corpo. Chega-se de cem a quinhentas injeções profundas na pele aplicadas em locais problemáticos, tais como os quadris e as coxas. Para a celulite, as injeções normalmente incluem pequenas quantidades do diurético aminofilina e o medicamento para o coração isoproterenol, que se acredita que dissolve a gordura, junto com outras substâncias homeopáticas.

O problema com a mesoterapia é que não há nenhuma padronização ou fórmula específica. Os ingredientes mudam para cada praticante da técnica e os resultados podem variar dependendo do que é injetado e em que proporção. O número de tratamentos necessários depende de vários fatores, tais como gravidade da condição e a causa do problema. Celulite e rugas crônicas de longa data podem exigir pelo menos 15 sessões antes de você perceber qualquer resultado.

Microdermabrasão

A microdermabrasão é uma alternativa popular para a esfoliação química, na qual se utiliza um jato de óxido de alumínio ou cristais de sal para esfoliar a pele superficialmente. A microdermabrasão usa partículas minúsculas que passam por um aspirador para lixar delicadamente a pele envelhecida, eliminando-a, e estimular o crescimento de novas células. Por causa da natureza superficial dessa técnica, em geral são necessários múltiplos tratamentos. Os resultados são semelhantes a um lixamento leve. Houve uma proliferação de dispositivos portáteis projetados para serem usados em casa como alternativa aos tratamentos de microdermabrasão de salões de beleza e clínicas. Embora não tão eficientes quanto os tratamentos profissionais, esses dispositivos podem esfoliar e podem ser usados para o corpo, bem como para o rosto. Como uma terapia secundária, a microdermabrasão acelera o uso de certos tratamentos tópicos, tais como hidratantes, antioxidantes e antiinflamatórios.

Preenchimentos dérmicos

Os preenchimentos são um método caro e temporário para melhorar a aparência cosmética dos furinhos. Depois de uma série de injeções de gordura humana ou de outro agente de enchimento, os furinhos ficam menos óbvios até que o material seja eventualmente reabsorvido e a celulite retorne. Este é um procedimento bem caro e demorado. Para melhorar a celulite, qualquer substância teria de ser injetada intradermicamente – na pele e não embaixo da pele – com uma agulha fina. Por exemplo, o gel de ácido hialurônico injetável pode produzir o efeito de construir GAGs. Colágeno injetável bovino (de vacas) e humano podem estimular os fibroblastos a fortalecer a camada dérmica. Embora elas possam melhorar a aparência de uma pele desigual, os resultados passam com o tempo.

Talassoterapia

Thalassa é a palavra grega para "mar". É muito sabido que a água marinha é rica em mineirais e nutrientes, incluindo iodo, cobre, zinco, ferro, estrôncio e plâncton. A talassoterapia combina a aplicação de algas marinhas e água do mar aquecida para dilatar os poros e vasos sangüíneos, deixando a pele mais permeável e aberta para a absorção de minerais do mar. Esse método tem sido usado para tratar artrite e outros problemas médicos, bem como para emagrecimento e redução da celulite.

Técnicas de embrulho do corpo

As técnicas de embrulho do corpo funcionam basicamente por meio da indução do suor. Elas têm efeito diurético temporário pelo fato de causarem perda de água no corpo. Infelizmente, as células de gordura e as do tecido conjuntivo não são afetadas pelo suor. No entanto, essas técnicas também funcionam em outros níveis. A pessoa é normalmente envolta por até uma hora em panos mergulhados em ervas e algas para aumentar a circulação e firmar o contorno do corpo. Você será enrolada do peito até os pés (os braços são opcionais) enquanto fica deitada num cobertor térmico para permanecer aquecida. Um técnico, então, a desenrola e, como etapa final, massageia seu corpo para melhorar ainda mais a circulação, enviando o oxigênio para os tecidos bloqueados. Os embrulhos de corpo não são recomendados para qualquer pessoa que esteja desidratada, então tenha cautela se beber quantidades excessivas de álcool ou cafeína. Como essas técnicas de embrulho do corpo aumentam a temperatura corporal, elas também não são recomendadas para quem tem pressão sangüínea alta ou para mulheres grávidas.

Embrulhos de alga, argila e ervas são esfoliantes e podem melhorar a aparência da pele e sua textura. Dependendo das ervas usadas, os embrulhos herbais podem ser estimulantes ou relaxantes. A outra ação dos embrulhos do corpo é o efeito diurético de induzir o suor e reduzir temporariamente a água "desperdiçada". No entanto, tão logo você tomar um copo ou dois de líquido ou comer uma refeição normal, o fluido irá retornar.

Os embrulhos do corpo podem proporcionar alguma perda de edema localizado, boa esfoliação, um pouco de relaxamento que a faça sentir-se bem e a possível introdução de minerais. Em teoria, minerais-traço são provavelmente eficazes quando aplicados topicamente, mas precisamos de mais evidência para termos certeza.

Tratamentos de *spa* para o corpo

Esses são basicamente tratamentos para o corpo todo. Eles podem ser incrivelmente benéficos em vários sentidos. Por exemplo, o *Spa* Murad na Califórnia (bem como muitos outros *spas* ao redor do mundo) oferece nosso Tratamento de Firmeza e Tonificação. Ele começa com uma esfoliação da área problema a fim de ajudá-la a se preparar para uma infusão profunda de alta concentração de vitamina C, que firma o corpo e combate radicais livres. O procedimento termina com uma massagem para relaxar o corpo ao mesmo tempo em que estimula o fluxo sangüíneo e o metabolismo. Acredito piamente que os tratamentos de *spas* profissionais são a maneira ideal de maximizar qualquer regime de cuidado com a pele, quer sua meta seja limpar a pele da acne, das rugas, de dano do sol, quer seja eliminar celulite e estrias.

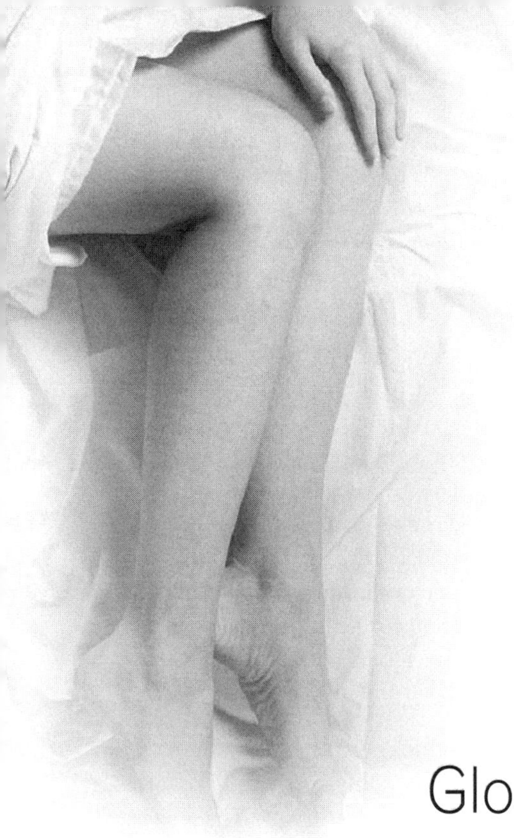

Glossário

Acetilcolina
Neurotransmissor químico liberado pelas células nervosas.

Acetilglicosamina
Ingrediente condicionador da pele em cosméticos.

Ácido alfalipóico
Antioxidante potente e versátil.

Ácido ascórbico (vitamina C)
Uma das mais importantes vitaminas solúveis em água, constitui um antioxidante poderoso com muitos benefícios para a pele e o corpo. É necessário para conservar dentes, ossos e vasos sangüíneos saudáveis. Ajuda a manter a função de barreira da pele e é eficiente para prevenir e corrigir danos provocados pela luz solar quando usado topicamente.

Ácido hialurônico
Proteína natural e componente dos GAGs. Ajuda a absorver a umidade.

Ácido lático
Alfa-hidroxiácido usado como hidratante e útil para o tratamento da pele danificada pelo sol.

Ácido linoléico
Emulsificador que evita a aspereza e a secura.

Ácido pantotênico
Complexo B solúvel essencial para as funções fisiológicas normais, incluindo a decomposição e a utilização dos alimentos pelo corpo.

Ácido salicílico
Beta-hidroxiácido aplicado localmente para tratar a acne por meio da esfoliação da pele.

Ácido tricloroacético (TCA)
Agente esfoliante que melhora rugas de superfície finas, manchas superficiais e problemas de pigmentação.

Ácidos graxos essenciais (AGEs)
Os elementos essenciais básicos das gorduras e membranas celulares do corpo.

Ácidos graxos
Os elementos essenciais dos lipídios.

Acupuntura
Técnica oriental de cura baseada na filosofia taoísta. A acupuntura pode ser administrada usando-se agulhas, corrente elétrica de baixa voltagem (eletroacupuntura) ou massagem de pontos (acupressura).

Alantoína
Extrato botânico usado em loções para as mãos e outras fórmulas de suavização da pele por causa de seu poder de ajudar a curar feridas e estimular o crescimento de tecido saudável.

Alergênica
Substância que causa reação alérgica.

Alfa-hidroxiácidos (AHAs)
Substâncias que ocorrem naturalmente, derivadas de várias fontes, entre as quais frutas cítricas, maçãs, cana-de-açúcar e coalhada. Os AHAs afetam tanto a epiderme quanto a derme. São usados desde os tempos de Cleópatra por causa de seus benefícios no condicionamento da pele.

Alga
Plantas aquáticas ricas em minerais que hidratam a pele.

Aloe vera
Gel de aloé (babosa), derivado das células de paredes finas da planta, é considerado um ingrediente eficiente de cura para o tratamento de queimaduras e ferimentos. O aloé é empregado nos preparados para a pele devido a seus benefícios hidratantes, suavizantes e antiinflamatórios.

Aminoácidos
Os elementos básicos do corpo, dos quais as proteínas são construídas. O colágeno e a elastina são feitos de cadeias de aminoácidos.

Anticoagulante
Substância que inibe a coagulação do sangue.

Antiinflamatório
Substância que neutraliza a inflamação, a qual, por sua vez, é definida como uma resposta para os ferimentos celulares, marcados por vermelhidão, calor, dor e inchaço.

Antioxidante
Nutriente ou substância química que reage aos radicais livres ou substâncias químicas capazes de liberá-los e as neutraliza. Os antioxidantes interceptam os radicais livres e os impedem de danificar estruturas moleculares, tais como o DNA.

Também é chamado de devorador de radicais livres.

Arbutin
Antiinfeccioso derivado de folhas secas do gênero *Vaccinium,* entre elas arando, airela-vermelha, cáscara-sagrada e a maioria dos tipos de pêra. Arbutin tem sido usado para tratar a hiperpigmentação.

Arnica
Substância botânica à qual se atribuem propriedades anti-sépticas, adstringentes, antimicrobianas, antiinflamatórias, anticoagulantes, estimulantes da circulação e curativas. Pode promover a remoção dos resíduos da pele e auxiliar no crescimento de novos tecidos, além de ser antialergênica.

Aromaterapia
Inalação de óleos essenciais evaporados a fim de gerar benefícios para a saúde.

Ascorbil palmitato
Sal do ácido ascórbico usado como antioxidante e preservativo em cremes e loções cosméticas.

Betaglicanos
Ao estimular a formação do colágeno, os betaglicanos reduzem a aparição de linhas finas e rugas. Usados como engrossador e condicionador da pele.

Bioflavonóide
Derivado vegetal com propriedades antioxidantes e antiinflamatórias.

Camada córnea
A parte externa da epiderme, composta de células mortas da pele.

Carboidratos
Componentes neutros de carbono, hidrogênio e oxigênio (como os açúcares, os amidos e a celulose), a maioria dos quais é produzida por plantas verdes e constitui uma grande classe de alimentos animais.

Celulite
Gordura grumosa geralmente encontrada em coxas, quadris e nádegas de muitas mulheres.

Centella asiatica
Esta planta tem sido usada na medicina por séculos, tanto tópica quanto sistemicamente, para a cura de ferimentos e para estimular o fluxo sangüíneo. Também chamada de *gotu kola* e erva-de-tigre.

Ceramidas
Lipídios (gorduras) que agem primariamente na camada mais externa da pele, afetando os espaços intercelulares da camada córnea, onde formam uma barreira protetora e reduzem a perda de água transepidérmica natural.

Chá verde
O chá verde contém o antioxidante flavonóide catequina. Também é antibacteriano, antiinflamatório e estimulante. Além disso, é usado em protetores solares por sua capacidade de aumentar o FPS.

Cirurgia plástica corporal
Procedimento cirúrgico para esticar e remover a pele em excesso de quadris, coxas e abdome.

Cobre
O cobre por si só não é tóxico, mas sais de cobre solúveis, em especial o sulfito de co-

bre, irritam a pele. O cobre tem papel ativo na produção de melanina e colágeno.

Colágeno
Proteína estrutural que confere força e tonicidade à pele e a outros tecidos. O colágeno melhora a capacidade de retenção de umidade de produtos tópicos, contribui para o brilho, desenvolve a viscosidade e deixa a pele macia e suave.

Colina
Elemento essencial da lecitina. O corpo usa a colina para fabricar outras substâncias bioquímicas valiosas. É encontrada em vegetais de folhas verdes, peixes, amendoim, carnes de órgãos, soja, levedura e germe de trigo.

DDR
Dose Diária Recomendada, a ingestão sugerida pela FDA para vários nutrientes.

Derme
A segunda camada da pele sob a epiderme. Esta camada é o tecido conjuntivo composto de glicosaminoglicanos. Ela contém uma vasta rede de vasos capilares e vasos sangüíneos, junto com as fibras de colágeno e elastina.

Diurético
Substância que aumenta a excreção da urina.

Drenagem linfática
Método de massagem usado para estimular a contração dos vasos linfáticos, ajudando a linfa a avançar e a drenar resíduos.

Edema
Acúmulo excessivo de fluido nos tecidos do corpo.

Elastina
O tecido elástico no corpo que aumenta a flexibilidade. O colágeno e a elastina são semelhantes.

Emoliente
Preparado que ajuda a dar à pele uma aparência mais lisa e suave, além de reduzir asperezas, rachaduras e irritações. Pode contribuir para retardar o aparecimento das rugas finas do envelhecimento.

Emulsificador
Os emulsificadores mantêm unidos ingredientes à base de óleo e de água, ajudando a estabilizar sua interação.

Envelhecimento intrínseco
O envelhecimento natural que ocorre, não importando os fatores externos, também conhecido como envelhecimento genético.

Enzimas
Proteínas produzidas por células que regulam as reações bioquímicas do corpo.

Epiderme
É a camada mais externa da pele, que a protege da perda de umidade, de bactérias e outros fatores ambientais.

Equinácea
Planta cujas raízes e folhas, acredita-se, seriam um antibiótico natural e fortificador do sistema imunológico. Aplicações tópicas são anti-sépticas e relaxantes para a pele.

Eritema
Vermelhidão excessiva da pele, com freqüência como parte da resposta a uma irritação.

Esculina (extrato de castanheiro-da-índia). Estimula o fluxo sangüíneo, promovendo, dessa forma, a drenagem do tecido da pele e restaurando-lhe a firmeza.

Esfoliação
Processo que provoca a eliminação das células superficiais da pele. Pode ser realizada manualmente, com escovas, esponjas ou panos, ou por meio da aplicação de compostos que contenham alfa-hidroxiácidos ou beta-hidroxiácidos.

Extrato de alcaçuz
Substância com propriedades clareadoras e suavizantes da pele.

Extrato de alecrim
Erva que promove a cura de feridas. Também ajuda a melhorar a circulação do sangue, facilitando, dessa maneira, a regeneração da pele.

Extrato de alga
Substância ativa usada para normalizar o conteúdo de umidade da pele e propiciar flexibilidade e firmeza à epiderme. Beneficia a função antioxidante, as defesas imunológicas da pele, a condição dérmica, a reestruturação da pele, a redução de rugas e a renovação do tecido.

Extrato de alho
O alho é algumas vezes aplicado externamente em forma de pomadas e loções para reduzir inchaços e para tratar de problemas da pele.

Extrato de cáscara-sagrada
A cáscara-sagrada contém alta concentração do anti-séptico arbutin. Possui efeito antiinflamatório e também é usada para tratar hiperpigmentação.

Extrato de gilbarbeira
Substância botânica com efeitos emagrecedores e anticelulite, bem como propriedades diuréticas e anticoceira.

Extrato de ginkgo
O ginkgo, a que se atribuem propriedades antioxidantes, também parece auxiliar na produção de colágeno e elastina. Além disso, é um antiinflamatório.

Extrato de hera
Extrato de planta com efeitos emagrecedores e anticelulite devido a sua capacidade de impedir o acúmulo de água no tecido da pele.

Extrato de trevo
O trevo produz flores abundantes, que são usadas em óleos herbais e extratos.

Fosfolipídeos (fosfatídeos)
Substâncias gordurosas complexas que, junto com a proteína, formam a membrana de todas as células vivas. Usadas topicamente como hidratante/emoliente.

Função de barreira
A capacidade da pele de agir como barreira ativa que controla ou influencia processos, tais como a perda de umidade e a temperatura.

Gengibre
Raiz de planta usada principalmente por suas qualidades suavizantes e anti-sépticas.

Glicosamina
Nutriente necessário para a construção de GAGs e que ajuda a construir o tecido conjuntivo.

Glicosaminoglicanos (GAGs)
Os principais componentes da matriz extracelular e dos tecidos conjuntivos. Têm propriedades hidratantes e firmadoras.

Gorduras saturadas
Ácidos graxos abundantes em carne vermelha, banha de porco, manteiga, queijos amarelos, alguns óleos vegetais (em especial azeite de dendê, óleo de coco e manteiga de cacau) e óleos parcialmente hidrogenados.

Hidrofílico
Descreve um produto que combina com a água ou a atrai.

Hidrofóbico
Descreve um produto que repele a água.

Hidroquinona
Ingrediente usado em cremes para clareamento ou para sardas e em loções de bronzeamento.

Hidroterapia
Massagem à jato embaixo d'água, *jet sprays* e banhos minerais.

Hiperpigmentação
Excesso de pigmentação na pele.

Hipopigmentação
Pigmentação reduzida na pele.

Hormônios
Substâncias químicas liberadas por glândulas no fluxo sangüíneo que afetam os órgãos e tecidos por todo o corpo.

Ioga
Sistema de exercícios desenvolvido no Oriente, usando posturas e respiração controlada para esticar e tonificar o corpo, melhorar a circulação, acalmar o sistema nervoso central e produzir um estado de ser meditativo e integral.

Laminária
Alga usada por herbalistas para fornecer iodo à glândula tiróide e para ajudar a regular a textura da pele.

Lecitina
Antioxidante natural e emoliente encontrado em todos os organismos vivos. É um componente essencial de membranas celulares.

Linhaça
Fonte de AGEs. O óleo de linhaça é importante na hidratação das células.

Lipídios
Gorduras, óleos e ceras que servem como elementos essenciais para as células ou como fontes de energia para o corpo.

Lipossucção
Remoção cirúrgica de depósitos de gorduras localizadas aplicando a sucção por uma cânula inserida no corpo.

Lycium barbarum
Bagas nativas da China e do Tibete com altas concentrações de vitaminas e nutrientes.

Manganês
Mineral-traço que representa um papel na síntese do colágeno e na hidratação da pele, como tratamento para acne e queimaduras do sol.

Manta de água do mar
Manta (ou capa) de água do mar e de algas concentradas com nutrientes, minerais, elementos-traço raros, vitaminas e proteínas do oceano. Elas entram no fluxo sangüíneo e revitalizam a pele e o corpo.

Meditação
Concentrar-se na respiração ou num pensamento, som ou imagem particular por um período de tempo. A meditação constante resulta na redução do estresse e da ansiedade.

Melanina
O pigmento nas células da pele (melanócitos).

Melanócito
Célula epidérmica que produz melanina.

Membrana da célula
A parede externa de uma célula que segura a água e os elementos vitais, tais como o núcleo dentro dela.

Mentol
Fragrância anti-séptica e refrescante que estimula a circulação do sangue.

Metabolismo
As mudanças químicas nas células que fornecem energia para o corpo.

Microvarizes
Veias superficiais dilatadas que ficam próximas da superfície da pele.

Minerais-traço (oligoelementos)
Eles representam papel importante no funcionamento de sistemas de enzimas, na condução de nervos e no funcionamento dos músculos, fornecendo a estrutura para os tecidos e para a regulação das funções dos órgãos.

Niacina (ácido nicotínico)
A parte ativa da vitamina B_3. É um nutriente essencial que participa em muitas reações geradoras de energia.

Niacinamida (nicotinamida)
Vitamina B que atua como um precursor vital para as coenzimas do corpo na produção de ATP. Usada como estimulante da pele.

Oclusivas
Substâncias que diminuem a perda de umidade pela pele.

Óleo de cipreste
Útil como anti-séptico, tem propriedades de cura, antiespasmódicas e suavizantes.

Óleo de hortelã
Substância aromática útil para arranhões e picadas de inseto. Hortelã-pimenta e hortelã-de-folhas-lanceoladas são as variedades mais amplamente usadas em preparados de cuidado com a pele.

Óleo de junípero
Ingrediente anti-séptico, adstringente, de limpeza e de tonificação.

Óleo de linhaça
Óleo de tom amarelado feito da linhaça que atua como suavizador da pele e também constitui um ácido graxo essencial.

Óleo de madeira de cedro
Esse óleo claro tem propriedades anti-sépticas, sedativas e adstringentes. É também valioso para uso em erupções da pele e para aliviar a coceira.

Óleo de oliva
Óleo extraído de azeitonas, com propriedades emolientes.

Óleo de pinho
Óleo que se acredita aumentar a renovação das células epidérmicas.

Óleo de semente de borragem (óleo de borragem)
Antiirritante eficiente, com propriedades hidratantes e poder de melhorar a pele seca e coçadiça.

Óleo de toranja
Óleo essencial com propriedades diuréticas, conhecido como estimulante linfático.

Pantenol (dexpantenol, componente do complexo da vitamina B, vitamina B_5)
Agente hidratante penetrante que promove a queratinização e a cura normal.

Peptídeo
Dois ou mais aminoácidos combinados entre si.

Perda de água transepidérmica
A evaporação da água do corpo através da pele.

pH
O grau de acidez ou de alcalinidade de um ingrediente ou produto químico.

Pimenta-caiena ou Pimenta-vermelha
O ingrediente ativo na pimenta-caiena é uma substância picante conhecida como capsaicina, que parece alterar a ação do composto corporal (chamado de substância P), que transmite mensagens de dor para o cérebro, reduzindo a dor e a inflamação ao causar um curto-circuito nessa mensagem. A pimenta-caiena ajuda a aumentar a circulação, estimulando os vasos sangüíneos, causando vasodilatação.

Polifenol
Antioxidante que evita ou diminui os efeitos danosos dos radicais livres.

Poliglicano (betaglicano)
Molécula de açúcar ou polissacarídeos que, de acordo com pesquisas, melhora o mecanismo de defesa natural da pele. Também se acredita que possa ser útil na cura de ferimentos e na promoção de atividade celular.

Preenchimento dérmico
Materiais injetáveis que ajudam a substituir tecidos macios perdidos. Os materiais mais comumente usados para preenchimento são o colágeno e o ácido hialurônico.

Prímula
O óleo tem um alto conteúdo de ácido linoléico, um ácido graxo essencial importante para a manutenção da barreira da pele.

Propilenoglicol (1, 2-propanediol)
Ingrediente cosmético amplamente usado e o mais comum veículo carregador de umidade depois da água. Empregado em fórmulas cosméticas para melhorar a funcionalidade.

Proteínas
Os constituintes essenciais de toda célula viva. As proteínas são combinações de aminoácidos.

Queratina
Proteína freqüentemente usada em cosméticos por sua retenção de umidade e efeito protetor.

Radical livre
Átomo, molécula ou fragmento molecular com um elétron livre ou sem par. Os radicais livres são produzidos de muitas formas diferentes, tais como processos metabólicos normais, radiação ultravioleta do sol e radiação nuclear.

Retinóide
Substância derivada da vitamina A. Os retinóides reparam a pele danificada. O tratamento com retinóides pode inibir a quebra do colágeno dérmico e promover a síntese de colágeno.

Sais de banho
Usados para suavizar quimicamente a água do banho e perfumar a pele. Em geral, são feitos de sal-gema ou tiossulfato de sódio, que foi pulverizado com álcool, tinta ou perfume. O sal-gema é o sal de mesa comum e tem sido usado para tratar de inflamações da pele. Sais de banho podem também ser usados para aromaterapia.

Sálvia
Erva usada como tônico, digestivo, antiséptico, antiespasmódico e adstringente.

Sargaço
Tipo de extrato de alga usado para tratar ferimentos, escoriações e inchaços. Contém aminoácidos de iodo e enxofre, que estimulam, revitalizam e nutrem a pele. Tem potencial de ação de renovação de tecido e efeitos positivos nas rugas faciais.

Septo
Faixa que rodeia células de gordura.

Stévia
Planta natural, não calórica e de gosto doce, usada no mundo todo por seu gosto agradável, bem como por seu potencial cada vez mais pesquisado para inibir a absorção de gordura e diminuir a pressão sangüínea.

Subdérmico
Embaixo da pele.

Substâncias botânicas
Ingredientes cosméticos derivados diretamente de plantas.

Talassoterapia
Conjunto de tratamentos que usam os benefícios terapêuticos do mar e produtos da água do mar.

Tecido adiposo
Tecido cheio de gordura que fornece energia ao corpo.

Tirosina
Aminoácido usado em cosméticos para ajudar os cremes a penetrar na pele.

TMB
Taxa metabólica basal. O número de calorias queimadas por dia em descanso.

Toranja
Fruta acre de casca grossa que contém polifenóis.

Toxicidade
O grau relativo em que algo é tóxico ou venenoso.

Ultra-som
Vibrações sonoras em freqüências acima do alcance da audição humana.

Unha-de-gato
Trepadeira tropical encontrada na América do Sul. Oferece muitos benefícios, incluindo os de ser antioxidante e antiinflamatória.

Vascular
Relacionado a vasos sangüíneos ou que os contêm.

Vasodilatador
Algo que faz com que os vasos sangüíneos se alarguem ou relaxem. A água morna

ou quente causa vasodilatação e aumenta a circulação; a água gelada causa vasoconstrição – os vasos sangüíneos contraem-se rapidamente, o que reduz a circulação.

Vasos capilares
Qualquer um dos vasos sangüíneos menores que conectam as arteríolas com as vênulas e que formam redes pelo corpo.

Veia
Vaso que carrega o sangue de volta ao coração.

Veias varicosas
Veias inchadas e dilatadas de maneira anormal.

Vitaminas
Substâncias orgânicas essenciais para a nutrição da maioria dos animais.

Vitaminas B
Grupo de oito vitaminas (tiamina, riboflavina, niacina, piridoxina, ácido fólico, cianocobalamina, ácido pantotênico e biotina) essenciais para o metabolismo de proteínas, gorduras e carboidratos.

Xantinas
Compostos químicos encontrados no chocolate, no café, no chá e em muitos remédios. Agem como diuréticos, reduzindo os fluidos do corpo, e também dilatam os vasos sangüíneos do coração.

Zinco
Nutriente antiinflamatório importante para um sistema imunológico saudável.

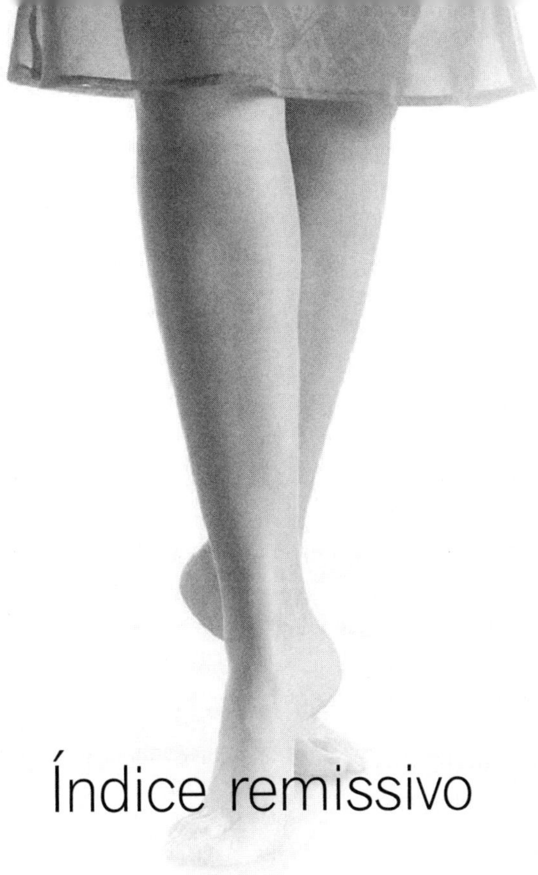

Índice remissivo

Você está cansado de rugas e aspereza? Está preparado para se livrar da pele flácida e danificada pelo sol? Quer retardar o processo de envelhecimento de maneira saudável? O programa apresentado nesse livro é fácil de seguir e, diferentemente de outros programas antienvelhecimento, tem comprovação científica não apenas na diminuição de rugas e no aumento da elasticidade da pele, mas também no bem-estar geral das pessoas. Dermatologista há mais de 30 anos, Dr. Howard Murad tem uma abordagem diferenciada e reconhecida mundialmente. Os resultados serão agradáveis.

> "Dr. Murad é o Deepak Chopra dos cuidados da pele."
> *Los Angeles Magazine*
>
> "O livro é repleto de informações que vão mudar sua forma de encarar a pele, e oferece as ferramentas necessárias para você ficar mais jovem em pouco mais de um mês." *American Salon*

Para desfrutar de uma maturidade com saúde, vigor, disposição física e cérebro tinindo você precisa se preparar agora. Há muita coisa que você pode fazer para compensar as perdas naturais do organismo.

Aqui você encontrará um programa completo para chegar aos 40, 60, 80 anos com muito mais vitalidade, podendo usufruir de mais qualidade de vida física e emocional. Nossa vida pode ser dividida em ciclos, e em cada um deles ocorrem mudanças internas e externas que independem de nós, mas ao conhecê-las podemos atuar positivamente em nossos hábitos, em nossas escolhas, em nosso estilo de ser, comer e sentir. Nunca é cedo ou tarde para mudarmos para melhor!

Então, não importa a sua idade, *esta* é a hora de começar! Cheio de energia aos 30... Feliz e saudável aos 40... Em plena forma e vigor aos 50... Sentindo-se jovem e sábio a partir dos 60...

Este livro foi composto em Palatino Linotype e
Humanst521 BT, e impresso pela Ediouro Gráfica
sobre papel OffSet 75gr. para a Prestígio Editorial
em março/2006.